Eberhard Brecht

ZÜRICH-VERKEHR
Quer durch die Vergangenheit

Orell Füssli Verlag Zürich

Dank

Herr Walter Baumann, erfahrener Zürich-Kenner, hat im Auftrag des Verlages beim Beschaffen von Unterlagen für den Text und die Bilder mitgeholfen. Durch diese Mitarbeit erfuhr das Buch eine wertvolle Bereicherung.

Vorderes Umschlagbild:
Am Limmatquai überwogen zu Beginn des Jahrhunderts noch die Fuhrwerke.
Die Abzweigung des Tramgeleises über die Münsterbrücke ist seither beseitigt worden.

Hinteres Umschlagbild:
Der Zigarrenhändler Carl Julius Schmidt besaß als einer der ersten «Autler» einen «Martini».
Das Bild zeigt ihn 1902 in der Nähe seines Zigarrengeschäftes am Paradeplatz.

© Orell Füssli Verlag Zürich 1977
Gestaltung: Heinz von Arx, Zürich
Gesamtherstellung:
Orell Füssli Graphische Betriebe AG Zürich
Printed in Switzerland
ISBN 3 280 00890 5

Vorwort

Beim Bau des «Pressehauses», auf dem Areal einer abgebrochenen Großgarage hinter dem Zürcher Opernhaus, kamen im Herbst 1976 die Reste eines prähistorischen Pfahldorfes zum Vorschein. Man wußte, daß die Archäologen dort einiges finden würden, aber das Ergebnis übertraf die Erwartungen. Unter der ehemaligen Autowerkstatt, dort, wo heute moderne Fernschreiber ticken, lagen in einer rund 4000 Jahre alten Kulturschicht die Überreste eines steinzeitlichen Wagens: zwei hölzerne Scheibenräder, dazwischen die morschen Relikte einer Achse und in Wagenlänge entfernt die Fragmente eines weiteren Rades. Durch diesen bisher ältesten Fund der wichtigsten Teile eines Fahrzeugs in ihrer ursprünglichen Lage nimmt Zürich in der Verkehrsgeschichte Europas eine wichtige Position ein.

Zu welchem Zweck hatten unsere frühen Vorfahren dieses Fahrzeug konstruiert? Viel Freude am Fahren werden die Steinzeitmenschen kaum gehabt haben, der Transport von Steinen, Stämmen und Beutetieren war ihnen wichtiger. Aber eines Tages muß den Menschen eine merkwürdige Lust an der Fortbewegung angekommen sein. «Immer weiter, immer schneller – immer komfortabler!» wurde seine Devise im Laufe der Zeit, und er ersann sich zur Erhöhung seines Lebensgefühls – trotz des Risikos, sein Leben dabei zu verlieren – immer neue Möglichkeiten. Zwar mußte er jahrtausendelang mit dem Segel oder einem Zugtier vorliebnehmen, wenn er sich und sein Gefährt nicht mit der eigenen schwachen Kraft vorwärtsbewegen wollte. Aber vor 150 Jahren begann er, die Dampfmaschine vor seinen Wagen zu spannen, und als er schließlich den Motor in das Fahrzeug selber verlegte, war der moderne Verkehr erfunden. Fast gleichzeitig mit den «selbstbeweglichen Fahrzeugen» machten die ersten Flugzeuge ihre Luftsprünge. Der ingeniöse Homo sapiens eroberte sich die Meere, die Landstraßen und schließlich den Himmel. Und wo er in seiner stets zunehmenden Eile nicht selber hinkam, ließ er sich die Nachrichten durch den elektrischen Telegrafen, das Telefon, das Radio und schließlich mit dem Fernseher auch das Bild ins Haus bringen.

Fortschritt und Fortbewegung waren stets eng miteinander verbunden. Sie sind Ausdruck des sich steigernden Lebensgefühls, Mittel zur Befreiung des Menschen aus seiner Erd- und Ortsgebundenheit. Aber merkwürdigerweise war stets auch eine Angst vor dem Fortschritt dabei. Mehr und mehr erwachte der Gedanke, daß die Mittel seiner Befreiung sich einmal gegen den Menschen selber kehren könnten. Noch vor 75 Jahren wurde das Automobil als Kunstwerk und das Fahren damit als Kunstgenuß gepriesen. In seinem Buch «Mit der Kraft» schrieb der autofahrende Dichter Otto Julius Bierbaum 1906: «Die Eisenbahn hat dem Biedermeier den Garaus gemacht. Man lese alte Reisebeschreibungen aus der Zeit der Postkutsche, um zu fühlen, was alles wir durch die Eisenbahn verloren haben – und was uns das Automobil wieder gewinnen wird.»

Wenn wir heute an den Segnungen des Fortschritts ernstlich zu zweifeln beginnen, so wird die bedrohliche Zunahme des Individualverkehrs und seiner Folgen als erstes und typischtes Symptom genannt. In der Tat begann das Auto jene Paradiese, die Bierbaum zu erobern gedachte, selber zu zerstören, als es zum Massenverkehrsmittel wurde. Und zwar in einer Weise, die nach autofreien Schutzzonen ruft: Schutz vor Gift, Lärm, Bedrohung und Verwüstung. In einer vieldiskutierten Sendung des Westdeutschen Rundfunks «Der Anfang vom Ende des Autos» wurde kürzlich sogar behauptet: «Alle Maßnahmen zum Schutz des Menschen vor seinem Vehikel können die Einsicht nur verzögern, aber nicht verhindern: daß der Individualverkehr von einem gewissen Punkt an eine ökologische Unmöglichkeit ist. Irgendwann werden die Autos sterben, und wir können sagen, wir wären dabeigewesen, als ihre Agonie begann.»

Eines ist sicher: der moderne, oft sinnlose Massenverkehr hat die Welt und damit auch das Bild Zürichs bereits in mehr als zulässiger Weise verändert. Doch nur wenn wir eine Entwicklung von Grund auf kennen, können wir ihr Zügel anlegen. Die vorliegende Geschichte des Zürcher Verkehrs will keine wissenschaftliche, aber eine nachdenkliche Geschichte sein. Der Bildband möchte Ansichten und Einsichten vermitteln, er soll informieren und amüsieren und nicht zuletzt etwas von jener Begeisterung und jenen Bedenken spürbar machen, mit denen unsere Vorläufer und Vorfahren den Fortschritt der Fortbewegung erlebten.

W.B.

Zürich 1772
Kupferstich von Johann Jacob Hofmann

Mehr Platz, mehr Licht!

Vor Jahrhunderten – Verkehrsvorschriften – Straßenbeleuchtung – Schleifen der Stadtbefestigung – Brücken und Plätze

Einst herrschte auf den Landstraßen nur ein wenig auffallender Verkehr. In nächster Umgebung der Stadt war er dichter. Was davon nach Zürich gelangte, wurde durch die spärlichen Öffnungen in der Befestigungsanlage kanalisiert. Nachdem das Rennwegtor ein frisches Bollwerk erhalten hatte, ist am 29. Juli 1522 als erstes Fuhrwerk eine vom Storchenwirt Rudolf Bucher gelenkte Zehntenfuhr mit 134 Garben Korn für die Äbtissin vom Fraumünster durch den neuen Turm gefahren.

Schon früh hatte sich die Stadt mit allerlei vom Verkehr herrührenden Behinderungen auseinanderzusetzen. Bereits 1665 wurden die Gastwirte des «Rothauses» und des «Adlers» angewiesen, dahinzuwirken, daß die bei ihnen einkehrenden Fuhrleute aus Leipzig oder anderswo ihre Wagen nicht tagelang unverwahrt auf der Stüßihofstatt stehenließen, wo sie nachts Anstoß zu Unfug und tagsüber Anlaß zu Unglücken gaben. Es sollten künftig etliche Fahrzeuge zusammengeschlossen oder es sollte ein Rad abmontiert werden. Solche Versuche der löblichen Obrigkeit, einer zunehmenden Unwirtlichkeit in den Straßen Herr zu werden, waren nicht einmalig, aber für das enge Zürich, das kaum einen größeren Platz besaß, besonders kennzeichnend.

Doch das Rad der Zeit ließ sich nicht aufhalten. Zürich ging einer bewegten Zukunft entgegen, wenn auch nur wenige es ahnten. Immer häufiger wurde damals die Unsitte, Gassen und Straßen mit Wagen oder Karren aller Art zu verstellen. Unter Hinweis auf die Unfallgefahr wurde deshalb den Wirten und den Bürgern mit eigenen Fahrzeugen vorgeschrieben, ihre Gefährte entweder in den dazu bestimmten Schuppen zu verwahren oder bei fehlendem Platz auf großen Straßen so abzustellen, daß sie weder den Durchgang behinderten noch die Benützung von militärischen Sammelplätzen oder von bereitstehendem Feuerlöschmaterial erschwerten. Anläßlich einer Erneuerung dieser Vorschrift wurde nachdrücklich auf einige auf öffentlichen Plätzen und bestimmten Straßen durch lange Kieselsteine bezeichnete Parkierungsmöglichkeiten hingewiesen, wo die Fahrzeuge mit aufgestellter Deichsel möglichst nahe aneinander gestellt werden sollten.

Auch die Zugtiere gaben immer wieder Anlaß zu Ärgernissen und entsprechenden Zeitungsergüssen. So hieß es 1837 im Tagblatt: «Die Herren Polizeidiener werden sehr gebeten, ein wenig darauf zu sehen, daß das Zugvieh nicht immer an die Kellerthüren und in engen Gassen angebunden, und dafür zu sorgen, daß der dadurch verursachte Mist von den betreffenden weggeräumt werde.»

Warentransporte über größere Strecken erfolgten eher selten. Als der Kurfürst von Heidelberg im Jahre 1657 den Zürchern in Basel etliche Faß Wein zur Verfügung stellte (weil er Soldaten anwerben wollte), beschloß die Stadt, Meister Sprüngli möge diesen Wein abholen, wenn er sonst einmal nach Basel fahre. Wie umständlich und aufwendig das Reisen noch vor zweihundert Jahren war, geht aus einem Brief hervor, den der Sekretär zweier in Baden tagender Ratsherren nach Zürich sandte. Er schrieb im August 1778: «Ich soll Sie höflichst bitten, die Befehle auszuteilen, daß Sesselpferde und Bagagefuhrwerk aus dem Oetenbach und eine Litière für meine Wenig- und Gebrechlichkeit von der Wittwe Freudweiler zu Stadelhofen den morndrigen Nachmittag zu rechter Zeit in Baden eintreffen, damit noch des Abends der Bagagewagen beladen werden kann, indem die Hohe Ehrengesandtschaft beschlossen hat, die Rückreise am Mittwoch in der Frühe, und zwar über Weiningen, vorzunehmen.»

Trotz solcher Schwerfälligkeit muß es zu jener Zeit an den Eingängen zur Stadt einigermaßen lebhaft zugegangen sein. Die Niederdorfporte – wo es heute «Im Stadtgraben» heißt – wurde im Januar 1791 von 133 Reitpferden benützt sowie von 728 Fahrzeugen, denen 2888 Zugpferde und 246 Ochsen vorgespannt waren. Rund ein Drittel der gezählten Fahrzeuge entfiel auf die meist sechsspännigen «Schwabenfruchtwägen». Die Behörden bemühten sich mit Rücksicht auf den Straßenunterhalt um Verdrängung der herkömmlichen Gabelwagen durch Deichselwagen.

Die reichen und angesehenen Leute pflegten sich unter der patriarchalischen Ordnung mittels Kutschen, Chaisen, Tragsesseln oder Schlitten befördern zu lassen. Die Fahrzeuge durften aber beileibe nicht von auswärts stammen. Wagner und Drechsler zankten sich, wer berechtigt sei, Radnaben anzufertigen. Nicht selten waren die Voituren mit kostbarem Schnitzwerk verziert, prunkhaft bemalt oder mit Edelmetall geschmückt. Das Innere war standesgemäß mit vornehmen Stoffen ausgeschlagen, und die Zugpferde trugen vergoldetes Geschirr. Daß der damit verbundene Aufwand 1778 und 1790 gebremst, ja daß der Gebrauch von Equipagen und Sänften in der Stadt samt ihren Vororten zeitweise praktisch überhaupt verboten wurde, ist weniger auf mangelnden Verkehrsraum oder auf Verkehrsfeindlichkeit zurückzuführen als auf das sich von Westen bedrohlich nähernde Donnerrollen der Revolution. Mit ihren scharfen Einschränkungen suchten die Gnädigen Herren im Sinne einer republikanischen Haltung zu wirken. Die hablichen Kreise sollten ihren Aufwand sichtlich verringern und ihre größeren Glücksgüter edlen Zwecken dienstbar machen. Während der Mediation wurde das dann wieder anders; eine Polizeiverordnung von 1808 bestimmte minuziös, in welcher Weise die Kutscher und Sänftenträger die Gäste vor dem Casino abholen sollten.

Eine erste Straßenlaterne hatte die löbliche Obrigkeit schon 1778 beim Rathaus aufstellen lassen. Bald folgten zwei weitere beim Salzhaus und bei der Post. Einige Zunfthäuser hängten ebenfalls Licht ans Tor. Da und dort taten sich jetzt auch Private zusammen, um aus eigenen Mitteln ein Laternchen zu unterhalten. Aber die fürsichtigen Herren Räte erließen im Jahre 1790 auch hierüber ein Mandat: Die Illumination der Zunft- und Privatgebäude sei eine schädliche, kostspielige und zum Teil gefährliche Neuerung; sie soll deshalb fortan gänzlich verboten sein. Als jedoch im Frühling 1804 die auf dem Lande sich regenden freiheitlichen Strömungen zum Bockenkrieg führten, wurde die städtische Bevölkerung aufgefordert, bis zum Torschluß, bei ungewöhnlichen Ereignissen auch länger, im ersten Stock ihrer Häuser Laternen auszuhängen.

Im Jahr darauf erhielt die Stadt von der ihr nun übergeordneten Kantonsregierung den Auftrag, eine allgemeine Beleuchtung zu projektieren. Andere schweizerische Städte waren in dieser Hinsicht bereits vorangegangen. In Zürich stieß die Finanzierung auf Hindernisse. Schließlich gelang es aber doch, wenigstens einige dürftige Funzeln an Seilen und Haken aufzuhängen. Diese Öllampen brannten, nur in den Wintermonaten, vom Betzeitläuten bis zehn Uhr. Als dann 1813 eine alliierte Heereskolonne über Zürich nach Frankreich marschierte, wurde wiederum angeordnet, bei der Ankunft der fremden Truppen die Straßenlaternen die ganze Nacht hindurch brennen zu lassen.

Kaum 25 Jahre später bestand die Stadtbeleuchtung bereits aus etwa 200 Laternen, «deren mattes, diskretes Öllicht, später durch Argandsche Lampen und parabolische Reflektoren etwas verstärkt, verschwiegene Pärchen den Blicken allfälliger Passanten in der Tat nicht allzusehr aussetzte». So wurde denn die Hermandad seitens ehrbarer Bürger 1837 in der Presse ersucht, wo nötig zum Rechten und Anständigen zu sehen:

«Frage an die löbl. Stadtpolizei. Wäre es nicht thunlich, längs dem Hirschengraben noch einige Laternen aufzupflanzen, um zu verhindern, daß nicht etwa dieser oder jener diesen Weg bei Nacht Passierender, höheren oder niedern Standes, mit den zahlreichen dort lustwandelnden Dulcineen unschuldiger Weise in gefährlichen Konflikt gerathe?»

1840 brannten bei Escher Wyss & Cie. die ersten Gaslaternen. Noch länger als fünfzehn Jahre sollte es dauern, bis diese «Wahrzeichen des Fortschritts» auch in der Stadt Einzug hielten. Am 30. Juni 1855 schloß der Stadtrat mit Herrn Riedinger aus Bayreuth einen «für die Stadt und die Konsumenten in der Folge als sehr vorteilhaft anerkannten» Vertrag für die Einrichtung und Betreibung der städtischen Beleuchtung mit Holzgas. Durch Gemeindebeschluß wurde ihm ein Teil der hinter dem Bahnhof gelegenen Bürgergärten abgetreten und dort 1855/56 die Gasfabrik erstellt. Im November 1856 konstituierte sich die «Gasaktiengesellschaft», die das ganze Geschäft für 800 000 Franken übernahm. Am 18. Dezember gleichen Jahres fand die feierliche Eröffnung der Gasbeleuchtung statt. Das Publikum gewöhnte sich schnell an die Neuerung. Der Fall der unglücklichen Wöchnerin im Spital, die nach alter Gewohnheit das Licht ausblies, ohne den Gashahn zuzudrehen, «blieb zum Glück vereinzelt...»

Daß Zürich von der modernen Technik aber bereits eingeholt worden war, bewies der Physiker Robert, der am Sechseläuten 1855 von der Galerie des Großmünsters aus die Stadt durch elektrische Scheinwerfer beleuchtete. «An den beiden Quais war es fast so hell wie beim hellsten Vollmondlicht», rapportierte die Presse. Trotzdem wurde der Seidenhändler G. Henneberg als Pionier bezeichnet, als er im Frühling 1882 sein an der oberen Bahnhofstraße gelegenes Etablissement mit Edison-Glühlampen ins beste Licht setzte und mit seiner «opulenten» Beleuchtung Zürich das gab, «was die Stadt schon lange brauchte: ein zündendes Beispiel der privaten Tatkraft und des unerschrockenen Fortschrittglaubens». Kurze Zeit darauf – in Vorbereitung auf die Landesausstellung 1883 – bediente sich auch die Öffentlichkeit dieser längst nicht mehr so großartigen Neuerung. In Zürichs erstem öffentlichen Reiseführer vom Jahre 1886 lesen wir darüber:

«Durch die Fabriken der zürch. Telephongesellschaft werden seit 1882 der Bahnhof und der Bahnhofplatz mit elektrischem Lichte beleuchtet. Die nöthige Kraft für 17 Bogenlampen wird durch das städtische Wasserwerk im Letten geliefert und zwar vermittels der durch das städtische Triebwasser in Bewegung gesetzten Turbinen und Dynamo-Maschinen.»

Aus militärischen Gründen – unter anderem in Zusammenhang mit dem Dreißigjährigen Krieg – war im 17. Jahrhundert eine äußerst großzügige und kostspielige Stadtbefestigung entstanden. Ganz ihrem Zweck entsprechend, stellten die Anlagen ein schweres Verkehrshindernis dar. Das Bedürfnis nach ihrer Beseitigung machte sich aber nur langsam geltend. Erst 1833, also vor noch nicht einmal hundertfünfzig Jahren, beschloß der Kantonsrat nach heftigen Auseinandersetzungen die Schleifung der Zürcher Fortifikationen, die er als «Provokation der Landbevölkerung» bezeichnete.

Solange Wall und Graben bestanden hatten, ermöglichten sie die Verbindungen zwischen der Stadt und der Außenwelt nur auf einigen wenigen Ausfallstraßen. Die Niederdorfporte entließ den Verkehr auf die Landstraße, die nach Schaffhausen führte. Über die Kirchgasse oder den Rindermarkt gelangte man durch das enge Halseisen, die heutige Künstlergasse, nach Winterthur. Das rechte Seeufer ließ sich durch die Stadelhoferstraße erreichen, das linke Ufer auf dem Umweg über Rennweg und Sihlporte. Letztere benützte auch, wer über die Dietikoner Landstraße nach Bremgarten und in die Westschweiz gelangen wollte. Bis in die 1840er Jahre durchquerte diese Straße in Altstetten zwei nur für Fußgänger überbrückte Furten. Eine andere Furt erschwerte in Hirslanden das Befahren der Straße ins Grüninger Amt. Das Weg- und Straßenbaudepartement des jungen Kantons beschränkte seine Tätigkeit lange Zeit auf den Unterhalt und die gelegentliche Korrektion der hauptsächlichsten Straßenzüge von Zürich über Bülach und Eglisau nach Schaffhausen, von Zürich über Dietikon nach Baden und von Zürich nach Winterthur.

Etappenweise erfolgte das fast zu gründliche Niederlegen der Stadtbefestigung. Für die Erleichterung der Beziehungen zwischen der Stadt und ihrer Umgebung schuf es zwar günstige Voraussetzungen. Doch in der Stadt selber änderte sich zunächst nicht viel. Wie früher blieb die Rathaus-Brücke der einzige befahrbare Übergang zwischen Rapperswil und Wettingen. Im Schildwachtbefehl für den vor der Hauptwache stehenden Soldaten war gegen Ende des 18. Jahrhunderts ausdrücklich vorgesehen, daß bei Verkehrsschwierigkeiten auf der Brücke der Korporal herausgerufen werden mußte. Die beiden Zufahrten, Strehlgasse und Marktgasse, bildeten das Rückgrat der durch den Fluß getrennten Stadthälften. Abgewinkelt und bucklig, bald schmal, bald breit, waren sie wenig geeignet, dem Verkehr irgendwie Vorschub zu leisten. Aber auch alle übrigen Straßen der Stadt waren kaum geplant worden, sondern natürlich gewachsen und überdies häufig genug durch ein unausgeglichenes Gefälle gekennzeichnet. Als 1815 Zar Alexander die Stadt besuchte, blieb sein Reisewagen bei der Ausfahrt von der Brücke, in der sogenannten Metzg-Passage, stecken, so daß kräftige Leute herbeieilen und das Gefährt flottmachen mußten.

Sämtliche andern Limmatbrücken der alten Stadt sind erst im Zeitraum 1834 bis 1913 fahrbar gemacht worden. Zwischen Wipkingen und dem Escher-Wyß-Platz genügte noch 1872 eine Fähre. Für das 1865 gebaute Mittelstück der Bahnhofstraße erachtete man eine Pflästerung als nicht erforderlich, und noch zwei Jahre später haben Grundstücke im Bahnhofquartier kaum Käufer gefunden. Die wichtigsten Zürcher Plätze, heute Alpträume der Automobilisten, sind ebenfalls erst im Laufe des vergangenen Jahrhunderts entstanden. Auf dem Gelände des Heimplatzes konnte 1893 eine Seiltänzertruppe gastieren; ein Ballonstart wurde untersagt. Das Bellevue ergab sich gewissermaßen als Nebenprodukt aus der Beseitigung der Fortifikation und aus der Ufergestaltung. Der Paradeplatz, einst Zürichs Schweinemarkt, wurde erst 1899 auf allen Seiten umbaut. Das Central schließlich – noch ohne den Durchbruch zur Weinbergstraße – ist als Folge des für den Bahnhof gewählten Standortes nicht vor 1897 fertig geworden.

Vor dem alten Theater
an den Unteren Zäunen um 1840

Mit Roß und Wagen

Anfang und Ende der Postkutschenzeit

An heutigen Maßstäben gemessen, war der Verkehr früher natürlich recht bescheiden und entsprechend gemächlich. Außer den Fußgängern bewegten sich auf den staubigen Straßen nur Pferde, die entweder einen Reiter trugen, Lasttiere waren oder einen Wagen zogen. Etwas anderes war undenkbar. Dem zürcherischen Pferd war die neue Zeit anfänglich behilflich: Die seit altersher verwendeten Rosse hatten infolge fehlender Blutauffrischung im Laufe der Jahrhunderte einen spürbaren Qualitätsschwund erfahren, so daß durch Pferdeimporte aus Württemberg und Bayern die Bedingungen für die einheimische Pferdezucht verbessert werden mußten. Der früheste Import fand 1804 statt. Daß die Pferdezucht später wieder an Bedeutung verlor, hängt mit dem Aufblühen der Rindviehzucht und der technischen Entwicklung zusammen, die schließlich in unserem «pferdlosen Jahrhundert» ihren Höhepunkt fand.

Bei einer von Sommer 1838 bis Sommer 1839 durchgeführten Verkehrszählung zwischen Altstetten und der Sihlbrücke wurden im Tagesdurchschnitt 327 Reisende zu Pferd oder mit Wagen und 167 Fußreisende ermittelt. In der Stadt belief sich 1875 der Pferdebestand noch auf 289. Rund doppelt so viele waren es in den unmittelbar angrenzenden Vororten.

Aus der näheren Umgebung kamen Markt- und Fuhrleute sowie Boten mehr oder weniger regelmäßig nach Zürich. Die Boten besorgten den Lokalverkehr. Sie beförderten die Dinge des täglichen Bedarfes, und für die Bewohner ihres Dorfes machten sie Besorgungen in der Stadt. Ihre Dienstleistungen erbrachten sie zu Fuß oder per Schiff, mit Rückenkorb, Hundegespann oder Fuhrwerk. Die letzten Boten, von Küsnacht und Thalwil, hatten bis 1932 ihren Standplatz auf dem Münsterhof.

Dem Güteraustausch über größere Strecken dienten schwere Fuhrwerke. Der Warenverkehr wurde indessen durch mancherlei Weggelder und Brückenabgaben behindert. Bis in die Mitte des 19. Jahrhunderts waren an der Kantonsgrenze besondere Zölle zu entrichten, denen auf keine Weise auszuweichen war. Wenn ein Wagenführer sich außerhalb der normalen Stunden einer Zollstätte näherte, mußte er seinem Fuhrwerk eine schon von weitem in die Augen fallende brennende Laterne anhängen und von Zeit zu Zeit laut mit der Peitsche klatschen. Die Zugtiere waren außerdem mit einem hell tönenden Geschell zu versehen.

Die Stadt beharrte darauf, daß möglichst alle Handelswaren ins Kaufhaus geführt, dort eingelagert und verabgabt wurden. Das Kaufhaus stand ursprünglich an der Schipfe. 1835 wurde das alte Kornhaus (an der Stelle des heutigen Waldmann-Denkmals) zu diesem Zweck eingerichtet. «Am Freitag war Markt», steht in einer Schilderung aus den beginnenden 1850er Jahren, «da kamen die Schwabenfuhrleute von Winterthur her durchs Halseisen (heute Künstlergasse), die Marktgasse herunter über die untere Brücke (Rathausbrücke) und durch die Storchengasse angefahren. Der Platz zwischen Kornhaus und Fraumünster war mit Pferden, Wagen, Säcken und ‚Standen‘, in denen Getreide zur Besichtigung der Käufer unter freiem Himmel ausgestellt war, so ausgefüllt, daß wir uns kaum zur Schule durchdrängen konnten.» Der mit dem Kaufhaus zusammenhängende Packhof bot eine günstige Gelegenheit, mit den Fuhrleuten in Verbindung zu treten. Hier wurden beispielsweise Mitteilungen über die Belastungsgrenzen von Notbrücken angeschlagen. Mit dem Aufkommen der Eisenbahn verödete das von der Stadt eifersüchtig gehätschelte Kaufhaus. 1859 wurde es als überflüssig aufgehoben. Auf den Landstraßen veränderte sich das Bild der Benützer sehr rasch. Schließlich waren bloß noch gelegentliche Müller- und Langholzfuhrwerke anzutreffen.

Die für Kaufmannsgüter eingetretene Wandlung der Beförderungsart zeigte sich auch im Personenverkehr. Er verlagerte sich in zunehmendem

Maße auf die von der Reisepost gebotenen fahrplanmäßigen Verbindungen. Dieser Übergang fand sogar früher statt als die Verdrängung der Lastfuhrwerke von der Straße. Deshalb bekam denn die rasch aufgeblühte Reisepost den Wettbewerb durch leistungsfähigere Verkehrsträger auch besonders hart zu spüren.

Nachdem Postboten schon seit dem 17. Jahrhundert die Überführung von Briefen, später auch von Waren besorgt hatten, erwachte der verständliche Wunsch, auch Personen mit der Post befördern zu können. So ist 1735 eine erste Postwagenverbindung zwischen Zürich und Bern zustande gekommen. Sie konnte vier Fahrgäste mitnehmen. Wenige Jahre später fuhr eine weitere «Land-Gutsche» nach St. Gallen. In den folgenden Jahrzehnten häuften sich solche Diligencen. Trotz mancherlei Schwierigkeiten, die oft einen politischen Hintergrund hatten, entfaltete sich das Netz der Reisepostverbindungen in erfreulicher Weise. Schon 1806 wurden die Fuhrleute seitens der Regierung angewiesen, den Posten und Diligencen gehörig auszuweichen, deren Fahrt nicht zu behindern und ihnen auf der Straße den Vortritt zu lassen.

Am 7. Juni 1837 veröffentlichte «J. Wirz in Stadelhofen» im Zürcher Tagblatt folgende Anzeige:

«Das schon früher durch Herrn Freudweiler in Stadelhofen eingeführte Retourgefährt nach Baden, die Journalière genannt, wird auch dieses Jahr mit dem 12. Juni seine Fahrt beginnen; der Unterzeichnete, nunmehriger Unternehmer, pünktliche und billige Bedienung versprechend, empfiehlt dasselbe zu geneigtem Zuspruch, und bittet, sich deßhalb in Zürich an ihn selbst und in Baden an Herrn Sieber im Stadthof zu wenden.»

In Zürich wurden schon 1830 jede Woche 88 abgehende und ankommende Postwagen verzeichnet, mit denen im Jahr über 55 000 Personen reisten. Die Gastwirte forderten die Einrichtung von Extraposten, damit die Schweiz vom Ausland her nicht umfahren werde. Im Jahre 1842 benötigten die Eilwagen von Zürich nach Mailand (über Luzern) 40 Stunden und nach Wien 95 Stunden. Anläßlich eines Eidgenössischen Schützenfestes konnten 1844 nicht weniger als 80 Personen täglich zwischen Zürich und Basel befördert werden.

Die Post, in Zürich und anderen Städten ursprünglich von der Kaufmannschaft betreut, beschränkte sich auf Verbindungen mit wichtigen Handelsplätzen. Wer abseits der Hauptstrecke wohnte, blieb auf private Boten angewiesen, von denen einzelne auch Personen beförderten. Sie hatten in der Stadt ihre festen Einkehren in Wirtshäusern, bei Krämern oder an andern geeigneten Orten. Ihre Zahl belief sich kurz nach der Helvetik auf weit über hundert. Der kantonale Postdirektor beurteilte die private Personenbeförderung im Vergleich zur staatlichen Regiepost wirtschaftlich als vorteilhafter.

Als bei der Schaffung des Bundesstaates die Post von den Kantonen an die Eidgenossenschaft überging, wurde deshalb erwogen, ob es nicht angezeigt wäre, für den Bund lediglich das Briefpostregal zu beanspruchen. Der Verfassungsgesetzgeber entschloß sich jedoch, auch den Personentransport dem Monopol zu unterstellen, weil das verehrliche Publikum die Vorteile einer zuverlässigen und schnellen Reisepost schätzengelernt hätte. Ohne Zustimmung der Kantone durfte künftig keine der bestehenden Postverbindungen mehr aufgehoben werden. In Erwartung einer derartigen eidgenössischen Regelung und Finanzierung hatten die Kantone ihre Fahrkurse vorsorglich vermehrt.

Im fahrplanmäßigen Betrieb wurden vom Bund in der Regel posteigene Wagen eingesetzt. Als zweckmäßige Überlandwagen dienten meist vierplätzige «Berliner». Für Bergfahrten wurden Achtplätzer verwendet, mit vier Sitzen im Innern, zwei gedeckten Außenplätzen vorn («Coupé») und zwei Plätzen auf dem erhöhten Hinterteil des Wagens («Bankett»). Die Innenplätze waren billiger als die vordern Außensitze. Den zwei Pferden an der Deichsel wurden drei weitere Pferde vorgespannt. Mit der Führung der Postkurse waren Private, die Postpferdehalter, beauftragt. Ihnen oblag auch die vorschriftsgemäße Anstellung des Postillons. Dieser mußte einige Fertigkeit im Posthornblasen besitzen und durfte während der Dienstzeit keinen Tabak kauen. Das Posthorn diente vor allem zur Signalgebung vor der Ankunft auf den Stationen.

Die einzige befahrbare Brücke war damals die Rathausbrücke, die zudem seit dem Mittelalter dem Gemüse-, Blumen- und Samenmarkt diente. An Wochenmarkttagen, namentlich zur Weinlese, war das Gedränge in der krummen und engen Marktgasse so groß, daß die Anwohner an den Rat eine Eingabe machten, deren Anrede uns einiges über den Verkehr der gewöhnlichen Bürger mit den Stadtpatriziern verrät:

«Gnädiger Herr Burgermeister! Hochgeachtete, Wohlgeborene, Wohledelgestrenge, Veste, Ehren- und Nothveste, Fromme, Vornehme, Vorsichtige, Hoch- und Wohlweise, Insonders Hochgeehrte, Großgünstige, Gnädige liebe Herren und Vätere! Die Höchst berühmte Gnaden und mildeste Gutthätigkeit Euer MGn. Hrn. mit deren reichen Ausfluß und Ausguß Sie der göttlichen Majestät als Dero Ebenbilder und Statthalterinn auf Erden der Welt bekannt und eclatant machen, mehret bei uns die feste und beste Hoffnung, es werden MnGnHrn. die Strahlen auch auf uns ihre getreue Burger werfen, die in aller Tätigkeit mit dieser Supplikation vor Euch gnädige Herren und Väter erscheinen, in einer wichtigen Angelegenheit da wir eine ganze Nachbarschaft zusammen getreten und je einer dem andern seine Noth geklagt, in was großer Gefahr wir stehen, an der Marktgasse wegen des engen Passes, was vor grausame Schwühr und Flüch geschehen, ja fast Gott gelästert wird, daß einem alle Haar gen Berg stehen, auch an einem Donstag und Freytag wie auch in Herbstzeiten Leib- und Lebensgefahr ist wegen Enge des Passes und schlimmen Ranks, daß kein Mensch passieren kann...»

Das Schreiben erinnert daran, daß der gnädige Bürgermeister und geliebte Landesvater sich manchmal höchst persönlich in ein Haus «salvieren» mußte, um der Gefahr zu entgehen, und er deshalb Zeugnis davon ablegen könne, wie gefährlich es aussehe, wenn die verkehrten Geißelstöcke der Fuhrleute einer dem andern über den Kopf schlügen, daß das Blut in die Höhe spritze. Anno 1726 sei eine ehrliche Bürgersfrau in der Gasse verkarrt worden und anno 1732 eine Dienstmagd von einem Güterwagen elendiglich zugerichtet worden, daß sie zwei Tage darauf im Spital starb. Vor wenigen Wochen sei ein Trottbaum umgefallen, und wenn der liebe Gott nicht sonderlich gegaumet hätte, so wären wohl 20 Mann ums Leben gekommen. Und etliche Tage nachher geriet des Chorherren Rahnen Töchterlein unter einen Wagen und wäre elendiglich umgekommen, wenn es nicht durch Gottes Leitung von einem Diener wäre errettet worden. So wurde denn die hohe Obrigkeit gebeten, Hilf und Hand zu bieten, um das Schreckliche zu wenden, eine ganze Nachbarschaft werde die unzweifelhafte Anerkennung ihrer Gnade niemals bei sich vermodern lassen, sondern in ihrem Gemüte ein immerwährendes Denkmal gehorsamer Dankbarkeit aufrichten und mit Andacht und unabläßlichem Seufzen Gott im Himmel bitten, die Hilfs-Leistung des Rates durch stets über ihm ruhendem Segen reichlich zu lohnen.

Diese denkwürdige Bittschrift war vom Rat nicht unbeachtet geblieben. Er kaufte die ganze Häuserreihe gegen die Krebsgasse, mit Ausnahme eines einzigen, dessen Eigentümer es nicht abtreten wollte und damit das ganze Unternehmen vereitelte.

Während des ersten Drittels des letzten Jahrhunderts befanden sich die Zürcher Postlokalitäten beim kleinen Plätzchen an der Münstergasse/Napfgasse. Dort waren die räumlichen Verhältnisse ungünstig. Weil in unmittelbarer Umgebung sowohl Remisen als auch Stallungen fehlten, hatte sich der Kanton zur Errichtung eines neuen Postgebäudes entschlossen. Es kam auf das Areal des jetzigen Centralhof zu stehen, wo die Bauten längs der Bahnhofstraße, der Kappelergasse und der Fraumünsterstraße als Schuppen ausgestaltet waren. Das Verwaltungsgebäude kam an die Poststraße zu liegen, welche neu dem Verkehr eröffnet wurde. Dieser hatte sich vorher durch die winklige Waaggasse gezwängt. Die Postkutschen fuhren nun durch den Durchgang in der Mitte des Verwaltungsgebäudes. Der Brunnen im Hof erinnert noch heute an die seinerzeitige Einrichtung zum Waschen der Wagen. Vom Durchgang bis zur Fraumünsterstraße ist die ursprüngliche Fassade des Postgebäudes weitgehend erhalten, sofern man sich die obern Stockwerke wegdenkt. Die eidgenössisch gewordene Post benützte in der Folge verschiedene Lokalitäten. Kurz vor Ende des Jahrhunderts wurde die gegenwärtige Fraumünsterpost bezogen.

Ihre Eröffnung fand nicht überall Beifall. Von den Benützern wurde der Standort als zu abgelegen bezeichnet. Das Postpersonal stieß ins gleiche Horn, was Bern aber als Insubordination disziplinarisch ahndete.

Zur Zeit des Überganges der Post an die junge Eidgenossenschaft wickelte sich fast der gesamte Personenverkehr auf der Landstraße ab. Die Beförderung von Reisenden bildete anfänglich die wichtigste Aufgabe – und auch den einträglichsten Zweig – der vom Bund besorgten Postverwaltung. Mit Nacht-Eilkursen vermochte diese sogar eine Zeitlang einem «von den Eisenbahnen nicht befriedigten Bedürfnis» entgegenzukommen. Obwohl nachher immer mehr gewinnbringende Kurse an die Schiene verlorengingen, nahm, wenigstens im Flachland, bis zum Ersten Weltkrieg die Zahl der Postreisenden zu.

Jedoch gegen Kriegsende begann das Postauto den Pferdezug zu verdrängen. Vor rund fünfzig Jahren ist auch auf dem Gebiete der Stadt Zürich die letzte Pferdepost durch einen Autokurs ersetzt worden. Sie hatte die Strecke Maur–Ebmatingen-Post–Binz–Witikon–Kreuzplatz–Fraumünsterpost–Bahnhof bedient, mit Halt auf Verlangen in Looren, Ebmatingen-Dorf, Pfaffhausen, Stadtgrenze und Klusplatz. Der Wagen zu 4 bis 5 Plätzen verkehrte seit 1919 bloß noch an Werktagen. Zweifellos würde es diesem nostalgischen Gefährt heute kaum mehr an Fahrgästen fehlen. Aber wer konnte diese Umkehr aller Werte schon voraussehen? Wer konnte ahnen, daß einmal die unbeschwerte Sonntags-Beschaulichkeit höher im Kurs stehen würde als alle Schiffs-, Eisenbahn- und Autobuskurse zusammen?

Blick vom Zürichhorn mit der «Minerva». 1835

Mit Rudern, Segeln und Dampf

Wasserwege – Limmatschiffahrt – Marktschiffe – Dampfboote

Die Stadtbefestigung beeinträchtigte vor allem den Landverkehr, denn der See und die Limmat ließen Lücken offen, durch die die Schiffe schlüpften. Grundsätzlich war der Wasserweg stets besser als die Straßen, um deren Unterhalt sich jedermann zu drücken suchte. Durch den Zusammenfluß der Limmat mit der Aare und der Reuß in der Gegend von Turgi bestanden auf dem Wasser schiffmäßige Beziehungen bis Flüelen, Brienz und Yverdon. Die Verbindung von Walenstadt über Zürich zum Rhein hatte schon zur Zeit der alten Römer eine Verkehrsader gebildet. Bald nach der Jahrtausendwende muß sie wieder vermehrte Bedeutung erlangt haben.

Flußabwärts sind Zürcher Schiffer im 12. und 13. Jahrhundert bis Koblenz, Trier und Breisach gefahren. Später verringerten sie ihren Tätigkeitsbereich, da sich verschiedene Orte auf bestimmte Abschnitte des Wasserweges spezialisierten. Nach 1300 scheinen die Zürcher nicht mehr über Straßburg hinausgekommen zu sein, und von der Mitte des 14. Jahrhunderts an blieb ihre sogenannte Niederwasserschiffahrt in der Regel auf den Verkehr bis Basel beschränkt. Diese Stadt wurde in vierundzwanzigstündiger Fahrt erreicht, nachdem die Reise in Zürich am späten Vormittag oder frühen Nachmittag bei der Schipfe oder in der Gegend der Walchebrücke angetreten und durch ein Nachtlager bei der Einmündung der Limmat in die Aare unterbrochen worden war.

Die Limmat war nur im Sommer befahrbar. Den Winter über bauten die Schiffsleute ihre Boote, für die ihnen die Stadt bisweilen Holz aus dem Sihlwald zur Verfügung stellte. Nach erfolgter Talfahrt wurden die Kähne verkauft, und die Schiffer kehrten auf dem Landweg zurück. Aus diesem Grunde erübrigten sich Treidelpfade längs der Limmat weitgehend. Wurde ausnahmsweise doch gegen den Fluß gefahren, so benötigten die Bootsleute – etwa die von Stilli – viele Stunden, um von Baden nach Zürich zu rudern und zu stacheln.

Daß die Zürcher mit Hilfe Rudolfs von Habsburg das gegenüber Dietikon gelegene, den Regensbergern gehörende Städtchen Glanzenberg im 13. Jahrhundert zerstörten, hing nicht zuletzt mit dem Bedürfnis nach Sicherung ihrer Limmatschiffahrt zusammen. Der manchmal wenig zahme Flußlauf erforderte geübte Schiffer. Von der Regierung wurde deshalb eine strenge Aufsicht über die Schiffahrt ausgeübt. Sie überprüfte den Wasserstand, sorgte für die Beseitigung von Hindernissen in der Limmat und sprach bei den Tarifen mit.

Eine berufliche Organisation der Niederwasserschiffer von Zürich trat deutlich in Erscheinung, nachdem sie 1477 vom Kaiser das ausdrückliche Recht erhalten hatten, mit eigenen Schiffen und Leuten den Wasserweg bis zur Aare als freie Reichsstraße mit allen Waren zu befahren. Der Rat erließ dazu verschiedene Verordnungen. So sollten es nach einem Beschluß aus dem Jahre 1509 nicht mehr als acht Schiffsmeister und vier Knechte sein, denen die Aufsicht über die Flußfahrt auf der Limmat anvertraut war. Jeder Schiffer hatte vor der Abfahrt durch den «Schiffertiger» sein Fahrzeug untersuchen zu lassen, vor allem, ob es stark genug sei und ob es die für die Ladung notwendigen Schiffsleute und Knechte besitze. Bis Baden war die Aufnahme von Leuten und Gut verboten, ab Säckingen hatte ein des Rheines kundiger Steuermann das Fahrzeug zu lenken. Als Werkzeuge durften gute Beile, Bohrer, starke Seile und Nägel in keinem abfahrenden Schiff fehlen. Standbänke und Ruder mußten stark genug sein, um nicht in der Not zu versagen. Den Schiffsleuten, die nicht immer die feinsten Gesellen waren, wurde im übrigen die gegenseitige Verträglichkeit besonders anempfohlen, und daneben sollten sie auch gegen die Fahrgäste anständig sein, und zwar bei Androhung einer hohen Buße. Wer aber, Meister oder Knecht, aus irgendeinem Grunde seinen Platz auf der Standbank oder am

Ruder verließ, wodurch das Schiff in Gefahr geriet, der wurde an Leib und Leben, Ehre und Gut bestraft, es sei denn, daß es notwendig war, am Schiff während der Fahrt einen Schaden auszubessern.

Wie ernst es dem Rat mit der Sicherheit der Flußschiffahrt war, beweist der Fall des Peter Wunderlich von Regensberg. Mit seinem Kahn wollte er am 4. November 1508 an die Martinimesse in Basel. Beim Zusammenfluß von Reuß und Rhein kenterte das Schiff, und 11 Menschen ertranken. Wunderlich versteckte sich bei Freunden. Er wurde aber vom Vogt gefangen, in die Stadt geführt und schon am 15. November unterhalb der Gemüsebrücke ertränkt. Sein Genosse konnte sich nach Einsiedeln retten. Im Urteilsspruch wurde festgehalten, daß die beiden, wenn sie mannhafte Leute gewesen wären, das Schiff wohl mit den Rudern hätten halten können. Aber die Ruderer waren so erschrocken, daß sie ins Wasser sprangen und ihre Fahrgäste dem Schicksal überließen.

Und dies war nur einer von vielen Unfällen, die sich auf der Limmat zutrugen. Zu Anfang des 14. Jahrhunderts fuhr eine Schar Kaufleute die Limmat hinunter, um den Markt in Bern zu besuchen. Bei Wettingen ging das Schiff unter, und es ertranken 72 Personen. An derselben Stelle kamen 1501 30 Fahrgäste und 2 Schiffmeister um. Am 9. April 1435 scheiterte bei Baden ein mit Menschen und Waren beladenes Fahrzeug; von den 120 Insassen büßten 110 ihr Leben ein. Auf einer Fahrt nach Basel am 18. August 1435 versank ein Schiff bei Rheinfelden, wobei der Abt von Wettingen und viele andere den Tod erlitten. 1345 hatten die reißenden Fluten des Rheines an der gleichen Stelle 130 Personen das Leben geraubt; es waren fast ausschließlich Badegäste von Baden und Einsiedler Pilger.

Die für den Handel mit Italien äußerst wichtigen Schiffstransporte auf dem Zürich- und dem Walensee wurden 1532 zusammen mit den Schwyzern und den Glarnern in der «Oberwasser-Schiffseinung» geregelt. Nach dieser Vereinbarung hatte jeder der drei Orte einen Schiffmeister zu stellen, die zu einer Instruktion nach Weesen aufgeboten und darauf vereidigt wurden. Sie mußten unter anderem schwören, «daß keiner mehr üppigklich mit Fröwlin umgehe, ouch nit spile noch zuotrinke». Es war nämlich zur üblen Gewohnheit geworden, daß die Schiffsleute auf der Fahrt die Weinfässer anzapften. Über die Fähigkeit und das Pflichtbewußtsein der Schiffsmeister gab es immer wieder Meinungsverschiedenheiten. So klagte Glarus 1558, daß sich der Zürcher Schiffsmeister Hans Usteri und sein Kollege von Schwyz, Hans Dettling, nicht an ihre «Eidzettel» hielten, indem sie ihr Amt nicht selber ausübten, sondern sich durch Knechte vertreten ließen, die nicht viel von der Schiffahrt verstünden. Darum sei kürzlich auf dem Walensee ein Schiff untergegangen, bei dem die Leute alle ihre Güter verloren hätten.

Talwärts schwammen im Mittelalter auf der Limmat die Transitgüter, die über Bündner Pässe aus Italien gekommen waren. Nach der Eröffnung der Gotthardroute, die auf den Vierwaldstättersee zielte, wurden solche Transporte seltener. Statt dessen beförderten die Limmatschiffe vorwiegend Eisen vom Gonzen oder Exportartikel aus dem Zürichbiet und dem Glarnerland, soweit die Stadt solche Dinge nicht für eigenen Gebrauch beschlagnahmte. In umgekehrter Richtung ist etwa zur Zeit der Reformation eine Getreidelieferung aus Frankreich nach Zürich auf dem Wasserweg erfolgt.

Reisenden standen die Boote ebenfalls zur Verfügung, doch der Personenverkehr hielt sich wahrscheinlich in engen Grenzen. Fest steht, daß Einsiedler Pilger die Limmatschiffe benützten. Ferner weiß man, daß einst bei Klingnau 30 Passagiere ertranken, die sich unterwegs zur Basler Messe befunden hatten. Auch die Zurzacher Messe, jeweils an Pfingsten und am Verenatag, belebte den Schiffsverkehr vorübergehend. Waren und Personen für Zurzach wurden in Klingnau an Land gesetzt. Bedeutung besaß die Limmatschiffahrt ebenfalls für die verhältnismäßig regen Beziehungen mit Baden, das von Zürich aus auf dem Landweg weniger leicht zu erreichen war. Schließlich bleibt noch zu erwähnen, daß Ende des 18. Jahrhunderts sogar Glarner Schiffe – vermutlich mit Auswanderern – durch Zürich hindurch nach Holland fuhren.

Ein von 1800 an langsam einsetzender Ausbau des Straßennetzes tat der Binnenschiffahrt allmählich Abbruch. Im Verkehr mit Basel war schon 1768 geklagt worden, die Fuhrwerke hätten sie an Bedeutung überholt, und sie wäre nahe am Zerfall. Mit der Eisenbahn, die just auf der Strecke zwischen Zürich und Baden ihren Siegeszug begann, kam der Flußverkehr auf der Limmat bald vollends zum Erliegen. Sodann berichtete 1886 der Zürcher Reiseführer: «Durch die wachsende Benützung der Wasserkräfte des Limmatflusses seitens industrieller Etablissements erwuchsen der Schiffahrt auf dem ohnehin nicht ganz ruhigen Gewässer erhebliche Hindernisse. Gegenwärtig ist eine Fahrt von Zürich nach Baden, so interessant auch solche ist, eine Seltenheit geworden.»

Der andere Zürcher Fluß, die Sihl, versah die Rolle eines Verkehrsweges nur in höchst bescheidenem Umfang, indem Holz aus den ausgedehnten städtischen Waldungen im Sihltal in die Stadt geflößt wurde. An diese um 1865 aufgegebene Methode, bis zu zwanzig Meter lange Baumstämme zu befördern, erinnern heute lediglich noch ein paar Straßennamen – etwa die Flössergasse oder die Sihlamtsstraße – in der Gegend des ehemaligen städtischen Holzdepots. Es befand sich an der Stelle des jetzigen Bahnhofs Selnau.

Für den Verkehr auf dem Wasser war natürlich der See stets am wichtigsten. Die Ausdehnung des Zürcher Herrschaftsbereiches entlang den Ufern und der verhältnismäßig einfache Zugang zur Innerschweiz über Horgen oder zum Oberland über Schirmensee bewirkten, daß ein beträchtlicher Teil der Dinge, welche die Stadt zu ihrer Versorgung brauchte, über den See herangeführt wurde. Wie ein roter Faden ziehen sich durch die Jahrhunderte immer erneut aufflackernde nachbarliche Auseinandersetzungen mit Schwyz wegen der Schiffahrt und der Fischerei auf dem gemeinsamen Gewässer.

Die Beförderung von Gütern und Personen besorgten flachbodige Boote mit einem großen rechteckigen, ziemlich schwerfälligen Segel. Bei Windstille waren der Meister im Heck und seine zwei oder drei Knechte vorn im Boot aufs Rudern angewiesen. Unter ganz günstigen Verhältnissen soll die Strecke zwischen Zürich und Schmerikon in vier bis fünf Stunden zurückgelegt worden sein. Sechs bis sieben Stunden allein für die Fahrt von Stäfa nach der Stadt dürften aber eher der Norm entsprochen haben.

Um die Mitte des letzten Jahrhunderts gehörten 35 Boote einer interkantonalen Linth-Schiffahrtsgesellschaft, die mehrmals wöchentlich Walenstadt bediente. Die übrigen Boote standen kleineren Gesellschaften oder Privaten zu. Nach 1850 ist die Zahl der Segelboote, welche damals bloß noch den Warentransport versahen, von 200 auf 70 zurückgegangen. Zu Beginn unseres Jahrhunderts sind die Segel durch das motorgetriebene Ledischiff gänzlich verdrängt worden.

Ehe das Dampfschiff seinerseits den See eroberte, kamen mindestens dreißig Boten- oder Marktschiffe von den Seedörfern, von Schmerikon und aus der March regelmäßig nach Zürich. Vorn waren sie mit Kisten, Körben, Fässern oder Warenballen verschiedenster Art beladen. Der mittlere Teil, überdacht und mit Strohsäcken, Wolldecken sowie einer Deckenlampe versehen, diente als verhältnismäßig gut ausgerüstete Lagerstätte und Schlafstelle für die angemeldeten Passagiere. Diese wurden in zwei gegenüberliegenden Reihen auf dem Boden untergebracht. Das «Marktschiff» von Stäfa pflegte in Feldmeilen, vielleicht auch in Küsnacht einen Halt einzulegen, wo sich die Fahrgäste mit Mehlsuppe, Kaffee, Wein oder Schnaps stärken konnten. Auf den Schiffen aus andern Gemeinden dürfte es ähnlich zugegangen sein. Gelangten die Boote zu früh nach Zürich, so mußten sie entweder eine Gebühr bezahlen oder warten, bis punkt sechs Uhr das Wassertor – der Grendel – geöffnet wurde. Nach drei Uhr nachmittags begannen sie wieder ihre Fahrt zur heimatlichen Haab anzutreten. Die von einem Schiffmann besorgten Transporte waren billig. Ständigen Auftraggebern wurden für die Überführung eines Malters Getreide von Thalwil nach Zürich oder über den See 20 Rappen und für einen Eimer Wein 40 Rappen verrechnet.

Das maschinelle Zeitalter wurde keineswegs mit einhelligem Jubel begrüßt. Im Januar 1825 schrieb die «Freitagszeitung», es sei schon genug, wenn man sich der fremden Maschine bediene, wo es nun einmal «nicht anderst» sein könne, und man würde klug tun, diejenigen zu vermindern, die nicht Bedürfnis seien und dennoch den Verdienst und den Unterhalt vieler Familien schmälern, «denn am Ende muß der Mensch vom Menschen leben».

Schon ein paar Jahre früher hatte der erste Zürcher ein Dampfschiff konstruiert. Es war der in Konstanz niedergelassene J. C. Bodmer. Unter den wenigen, die ihm Aktien abnahmen, befanden sich der Vizekönig Eugen und die Königin auf «Arenenberg». Der Stapellauf sollte am 30. September 1817 stattfinden; da aber die englische Fabrik die Dampfmaschine nur gegen Barzahlung liefern wollte und Bodmer kein Geld hatte, mußte das Schiff auf Abbruch verkauft werden. Es hieß «Stephanie»; der Volkswitz machte daraus «Steh – fahr nie».

In der Schweiz wies zuerst der Genfersee fahrtüchtige Dampfboote auf. Das erste Zürichseeschiff war in England gebaut worden. Sein Transport in die zürcherischen Gewässer glich einer wahren Odyssee. Schon am 16. April 1833 hatte der hier erscheinende «Schweizer Republikaner» im Anschluß an eine Meldung über den Bau von eisernen (statt bisher hölzernen) Dampfbooten für belgische Kanäle geschrieben: «Wie lange wird es noch dauern, bis die Bewohner des schönen Zürichsees sich dieser nützlichen, bald alle übrigen Schweizerseen belebenden Erfindung erfreuen können?» Es war schließlich der in Rapperswil wohnende Rorschacher Franz Carl Caspar, der die Idee – fast im Alleingang – in die Tat umsetzte.

Nach der mühevollen Beschaffung der dringend nötigen Finanzen bestellte er bei der ersten Firma auf diesem Gebiet, der Maschinenfabrik William Fairbairn in Manchester, ein Schiff, das seinen Vorstellungen und den zürcherischen Verhältnissen entsprach. Ende September 1834 wurde es schließlich südlich von York in einem Fluß von Stapel gelassen, nachdem man es in einzelne Teile zerlegt über hundert Kilometer zu Land transportiert hatte. Man hoffte nun, daß das Boot Ende Oktober in Zürich seinen Dienst antreten könne.

Von York aus wurde das Schiff zu Wasser nach Hull bugsiert, wo es ein hölzernes Deck, das nötige Takelwerk und den Namen «Vulkan» bekam. Wegen stürmischen Wetters trat es erst im November seine erste Probefahrt an und stellte dabei gleich einen Geschwindigkeitsrekord auf. Nun dampfte der «stolze Schwan» aus eigener Kraft nach Rotterdam, von wo er rheinaufwärts fahren sollte. Aber die Holländer gaben die Einfahrtserlaubnis erst, nachdem 500 Gulden bezahlt waren und das Schiff ausschließlich mit Holländern bemannt wurde. Caspar, der das Schiff begleitete, schrieb nach Zürich, daß diese Holländer «zum verworfensten Gesindel gehörten», worauf in hiesigen Zeitungen von «schmutzigen Holländerseelen, Matrosenbengeln, Auswurf der Menschheit» usw. die Rede war. Caspar berichtete: «Die Kerle besoffen sich und schliefen ein. Da fuhr das Schiff auf einer Sandbank so hart auf, daß es erst nach elf Stunden unsäglicher Arbeit wieder flottgemacht werden konnte.»

In Köln erforderte niedriger Wasserstand eine Pause. Dazu kam, daß die Holländer zur Feuerung statt Holz eigene Kohle von schlechtester Qualität benutzten, wodurch die nötige Dampfspannung nicht erreicht wurde. In Deutschland war der Ärger, daß das Schiff in England in Auftrag gegeben wurde so groß, daß sich alle führenden Schiffbauer am Rhein einfanden, um die Durchfahrt der «Vulkan» zu beobachten. Das Hohngelächter über die «lahme Ente» war groß. Es drang bis nach Zürich, wo Caspar jetzt als «Hans Dampf» bezeichnet wurde. Ende November langte der Kahn schließlich in Koblenz an; unterhalb Mainz brach der gußeiserne Quadrant am Steuerruder, worauf das Schiff nach Mainz geschleppt und dort provisorisch repariert werden mußte. Einige Kilometer weiter brach das Ruder ein zweites Mal. Unterhalb Kehl stieß das Schiff während eines Sturms auf eine Sandbank. Beim Flottmachen wurden für ungefähr 600 Gulden Seile ruiniert. Am 13. Dezember traf die «Vulkan» endlich in Basel ein, wo sie wegen zu niedrigen Wasserstandes ankern mußte.

Nun erschien im St. Galler Volksblatt unter der Rubrik «Verlorene Sachen» ein so jämmerlicher Bericht über die Erfahrungem mit dem Zürichseeschiff, daß Caspar und sein Compagnon Lämmlin aus Zürich die «Vulkan» verkaufen wollten, um sich vor dem Ruin zu retten. Im letzten Augenblick traten die Schiffbauerfabrik Fairbairn und der

Zürcher Caspar Escher mit Finanzhilfen auf den Plan.

Schließlich fuhr die «Vulkan», nachdem man ihr das Kamin wegen der Rheinbrücke niedergelegt hatte, bis zur Ergolzmündung. Zwischen Baselaugst und Kaiseraugst wurde das Schiff in drei Teile zerlegt und auf Basler Fuhrwerke verladen. Es war aber nicht möglich, auf dem direkten Weg über Bözberg, Brugg und Baden zu fahren, weil einige enge Stadttore und gedeckte Brücken die Durchfahrt verweigerten. Der Landweg des Schiffes führte schließlich von Augst über Frick auf die Staffelegg, nach Suhr, Wildegg und Windisch, wo es wie in Aarau per Fähre über den Fluß gesetzt werden mußte. Von hier ging der Transport auf Nebenstraßen über Birmenstorf, wo eine ganze Baumreihe umgelegt werden mußte, zum Mutschellen.

Zürich erreichte der Riesentransport von Wipkingen her über Unterstraß und Fluntern, da die gedeckte Sihlbrücke, das Rennwegtor und die Strehlgasse eine Zufahrt zur Rathausbrücke versperrten.

Auf der Holzschanze beim heutigen Sechseläutenplatz wurde das Schiff wieder zusammengesetzt. Am 19. Juli 1835, fast 10 Monate nach dem Stapellauf in York, konnte das Zürichseeschiff, das jetzt auf «Minerva» umgetauft wurde, seine Jungfernfahrt mit Passagieren antreten. Ohne jegliche Feierlichkeit. Nur in Rapperswil, dem Wohnort Caspars, hatte man «zur Eröffnung der Dampfschiffahrt ein Ehren- und Freudenschießen von mehreren Tagen Dauer» angesetzt.

Zwischen Rapperswil und Zürich nahm das neue Verkehrsmittel den regelmäßigen Dienst auf. Der Fahrplan war auf den Markt in Zürich ausgerichtet: Abfahrt je Dienstag bis Sonntag um fünf Uhr früh in Rapperswil und Dienstag bis Samstag um fünf Uhr nachmittags in Zürich; am Freitag wurde ein zweiter Kurs geführt, mit Abgang in Zürich um halb acht Uhr und in Rapperswil um zehn Uhr vormittags.

«Etwas vom Wertvollsten, was die Unternehmer Caspar, Lämmlin & Cie. Ende 1836 buchen konnten, war die allgemeine Zufriedenheit, die sich überall über den straffen Fahrbetrieb der ‚Minerva' feststellen ließ. Sie reichte sogar bis in die Kreise der ehemaligen schärfsten Gegner, die Zürichseeschiffleute hinein; keiner von ihnen dachte mehr daran, einen Schuß gegen das Dampfschiff abzufeuern, im Gegenteil, sie fühlten sich angenehm berührt, wie sorglich man von Seiten des Personals der ‚Minerva' auf sie und ihre Ledenen achtete. So weit wir sehen, fällt in das Jahr 1836 auch die bedeutungsvolle Tatsache, daß eine Schule zum ersten Mal das Dampfschiff für ihre Schulreise benützte. Am 8. Juli tat das auf ihrer ‚Bergreise auf den hohen Rhonen' die Schuljugend von Schwamendingen.» Ihr Lehrer war wahrscheinlich der initiative Heinrich Bosshard, Dichter des Sempacherliedes und späterer Amerika-Auswanderer. «Die vielen Freuden und Belehrungen, welche diese Reise gewährte, rechtfertigen den Gedanken einer solchen Lustfahrt», schrieb später der «Pädagogische Beobachter».

Schon 1837 und 1839 wurden weitere Schiffe in Verkehr gestellt, und ihre Zahl sollte in der Folge allmählich noch zunehmen. Die Initianten der Dampfschiffahrt hatten ein entstehendes Bedürfnis richtig eingeschätzt und einen guten Griff getan. Zu ihren wichtigsten Geldgebern, die den Ankauf des Schiffes in England ermöglicht hatten, gehörte Escher, welcher in seiner Werkstätte das zweite Schiff herstellte und später die Firma Escher-Wyss gründete. In den anschließenden hundert Jahren baute sie sämtliche Dampfboote für den Personenverkehr auf dem Zürichsee.

Der Schuljugend gaben die Einsiedelnwallfahrer, die zu gewissen Zeiten in großer Zahl auf dem Wege vom Bahnhof nach dem Dampfschiff beim Bauschänzli durchzogen, Anlaß zu mancherlei Mutwillen. Sie trieben etwa die frommen Pilger zur Eile an mit der Mahnung: «Laufed, laufed, s Schiff isch scho im Wasser»; oder sie bettelten die von Einsiedeln Heimkehrenden um «Helgeli» oder «Mariamuttergöttesli» an.

Abgesehen von der raschen Beförderung konnten die ältesten Dampfer noch nicht viel Komfort aufweisen. Die «Minerva» war bloß 34 Meter lang und 4,8 Meter breit. Sie entwickelte mit ihren 50 Pferdekräften eine Geschwindigkeit von 16 Kilometer pro Stunde. In den ersten dreißig Jahren wurden ausschließlich Raddampfer verwendet. Unter ihrem durchgehenden Hauptdeck lag in der Mitte der Maschinenraum, davor und dahinter befanden sich die Salons für die Reisenden. Zur Beleuchtung diente anfangs Petrol, später Azetylen.

Bis 1855 feuerte man auf den Schiffen mit Holz. Da eine Hin- und Herreise fünf Klafter erforderten, verursachte die Beschaffung des Brennmaterials einiges Kopfzerbrechen. Aber auch nach dem Übergang zur Kohlenfeuerung mußte für einen Salondampfer mit einer Tragkraft von 800 Personen ein Kohlenverbrauch von viereinhalb Zentner je Fahrstunde in Kauf genommen werden. Eine 1869 eingeführte Heizung galt übrigens als enormer Fortschritt; ebenso eine zwei Jahre nachher eingerichtete Raucherkabine.

Die erste Abfahrt der «Minerva» ist vom Bauschänzli aus erfolgt. Später wurde abgewechselt zwischen dieser Station und der Schifflände am «Obern Quai», dem traditionellen Mittelpunkt allen Verkehrs, wo sich die Reisenden in den Gäßchen gegen das Oberdorf aufzuhalten pflegten, sofern sie nicht dem «Rößli» oder dem «Raben» den Vorzug gaben. Erst der Bau der Quaibrücke hat eine weiter gegen den See zu gelegene Schiffstation nötig gemacht. In den acht größeren Dörfern, die von Anfang an vom Dampfschiff bedient wurden, waren Landungsstege noch nicht vorhanden, und die Reisenden mußten von einem Fährmann unentgeltlich zum und vom Schiff gerudert werden. Die später errichteten Landestege gehören meist den Gemeinden. Die Stadt suchte den Dampfschiffverkehr durch Öffnen der Landeplätze und Ausbaggerung der obern Limmat zu fördern.

Bis zum Bau einer Eisenbahn von Zürich nach Meilen und weiter seeaufwärts behalf sich die Chemische Fabrik Uetikon für ihren Bahngüterverkehr mit einem Trajektschiff, das fünf Güterwagen aufnehmen konnte. Viermal täglich beförderte es sie nach Wollishofen, später nach Wädenswil, wo die einzigen Verlademöglichkeiten bestanden. Auf dem Fabrikareal waren Geleise verlegt, auf denen die Wagen durch Ochsengespanne verschoben wurden.

Der Dampfbetrieb auf dem See begünstigte eine Vergrößerung der Zahl der Reisenden. Sooft aber eine Schiffsgesellschaft zu rentieren schien oder sooft sie nicht allen Begehren der Seeanwohner entsprach, wurden Konkurrenzgesellschaften gegründet, was jeweils über kurz oder lang wieder zu Verständigungen oder Zusammenschlüssen führte. Da die Schiffe eine Zeitlang aus Materialtransporten für den Bahnbau längs der Ufer Nutzen ziehen konnten, wurden sie durch die Nordostbahn erworben. Diese verminderte die Längskurse und bemühte sich um Förderung der Querverbindungen. Gegen Ende des Jahrhunderts erwog sie sogar die gänzliche Einstellung der überwiegend bloß noch dem Ausflugsverkehr dienenden Schiffahrt auf dem Zürichsee. Durch Betriebsausfallgarantien der öffentlichen Hand ließ sich dieser Entschluß hinausschieben. Gleichzeitig ist von anderer Seite versucht worden, im unteren Seebecken mit zahlreichen kleinen Booten eine Art Tramverkehr einzuführen. Der Firma, die das gewagt hatte, wurde das Glück zuteil, bald darauf, als die dem Volk allzu spekulative Nordostbahn verstaatlicht wurde, deren gesamten Dampfschiffbestand zu erhalten. Die Unternehmung, heute als Zürichsee-Schiffahrtsgesellschaft bekannt, bekam diese Boote kostenlos gegen das Versprechen, künftig auf jede Güterbeförderung zu verzichten.

Schritt um Schritt vollzog sich somit auf dem Zürichsee in einem guten halben Jahrhundert all das, was zur Geschichte von Pionierleistungen gehört: Skepsis, Begeisterung, Erfolg und schließlich jene Gesundschrumpfung, die mehr nach Duldung als nach Glanz und Größe aussieht. Noch in den achtziger Jahren schrieb das Verkehrsbüro begeistert: «Durch Verwendung von Dampfbooten wurde den zahlreichen blühenden Ortschaften rings um den See eine gute, rasche, häufige, von Wind und Wetter weniger abhängige Verbindung mit der Hauptstadt gesichert. Eine außerordentliche Entwicklung des Verkehrs, ein Aufblühen der Industrie und des Handels bezeichnet diese Epoche. Gegenwärtig wird der Zürichsee von elf größeren und kleineren Dampfbooten (worunter ein Salondampfer, acht Raddampfer) befahren, welche täglich 16–17 Fahrten ausführen. Wohl keine Stadt in der Welt bietet so vielseitige und so reiche Mittel zu Lustfahrten wie Zürich.»

Im Mai 1925 verkehrte
die letzte Pferdepost von Maur nach Zürich.
Sie hatte seit 1873 bestanden.
Das schnelle Postauto verkürzte
die Reisezeit von 100 auf 58 Minuten.

Flachbodige Schiffe,
wie das 1892 im Seefeld fotografierte,
konnten Lasten bis 750 Zentner bewältigen.
Sie wurden mit Rudern und Segel bedient.
Um die Jahrhundertwende verschwanden
sie vom Zürichsee.

Im Jahre 1889
konnte der Transport von Zementsteinen auf
der Straße – hier am Mythenquai –
nur durch Pferdezug geschehen.

Die 1882/84 ▷
durch A. Bürkli erbaute Quaibrücke
behinderte zwar den Schiffsverkehr,
als moderne Landverbindung war sie
aber dringend nötig.
Aufnahme 1905.

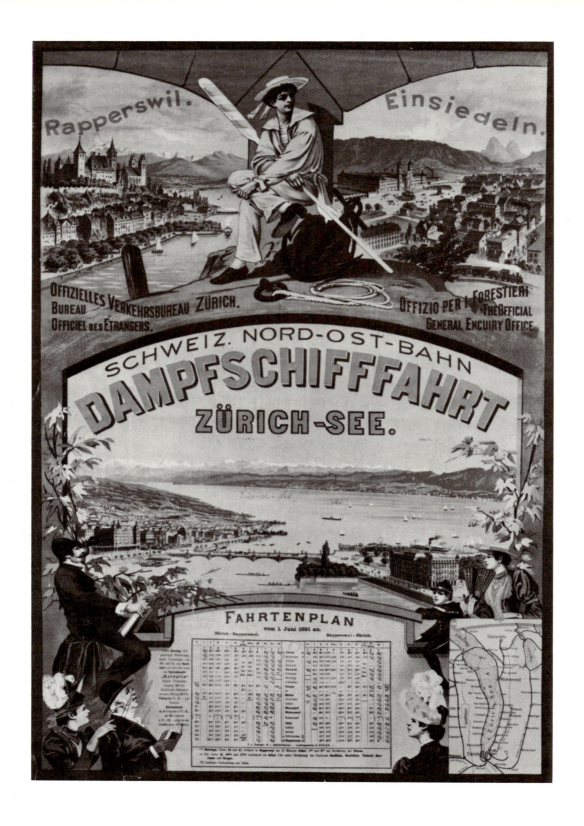

Eine Vormittag-Rundfahrt
auf Zürichs erstem Salondampfer,
der «Helvetia», gehörte um
die Jahrhundertwende zu den
repräsentativen Sonntagsvergnügen.
Aufnahme am Bürkliplatz
um 1905.

Auf dem Schiff-Fahrplan
vom Sommer 1891 scheinen die Ansichten
der Endstationen wichtiger zu sein
als die Abfahrts- und Ankunftszeiten.

**Bei Windstille
erwiesen sich die ersten Dampfschiffe
bald als zuverlässiger und fahrplansicherer
als die einstigen Segelboote.

Der «Lukmanier»,
der hier daherbraust,
ist bereits über vierzig Jahre alt.
Man hatte ihn 1865 angeschafft,
weil man einem in Horgen gegründeten
Konkurrenzunternehmen die Stirn
bieten wollte.**

Plakatfahrplan
für das erste Dampfschiff auf dem Zürichsee.
Die «Minerva» beförderte 1837 über 41 000 Passagiere.
Später gelangte sie auf den Walensee
und erhielt einen andern Namen.

Wegen der Quaibrücke
mußte am Bürkliplatz eine neue Schiffstation
erstellt werden.
Die 1875 von Stapel gelaufene «Helvetia» erhielt
erst 1903 ein Oberdeck.

Um jene Zeit
war die ein wenig ältere «Concordia» bereits in
«Glärnisch» umgetauft worden und durfte statt 600 nur
noch 400 Personen aufnehmen.

Eine Zukunftsvision aus dem Jahre 1907.

Sommerlicher Ausflugsverkehr
Plakat um 1925.

Escher Wyss baute von 1888 bis 1913 Kleinboote, ▷
deren Antrieb mit verdampftem Rohbenzin erfolgte.
Bevor diese sogenannten Naphta-Boote zur Ablieferung
gelangten, erhielten sie in der Limmat
ihren letzten Schliff.

◁◁ An einem Sommernachmittag
des Jahres 1907 gelang dem Ballonpionier Eduard Spelterini
diese Luftaufnahme.
Noch kennt Zürich keine Verkehrskalamität,
die Straßen erscheinen breit und großzügig.

An der Schipfe
lag 1892–1932 die «Moguntia» vor Anker.
Sie gehörte einem Mainzer Schiffsingenieur.
Nach seinem Tod ging das nicht seetüchtige
Boot an die Epileptiker-Stiftung Dapples über.
Nach der Revision sank das Schiff 1936 bei einer Probefahrt
auf dem Zürichsee.

Die Schifflände
war im alten Zürich der Ort, wo die Schiffe anlegten.
Das um 1870 vom St. Peter aufgenommene Bild
zeigt die beiden für eine festliche Maifahrt einer
Studentenverbindung geschmückten Schwestern-
schiffe «Stadt Zürich» (rechts) und «Rapperswil»
(links).

Von 1892 an
wurde versucht, im untern Seebecken
und in der obern Limmat mit vier Schiffen
einen tramähnlichen Betrieb zwischen
fünfzehn Haltestellen einzurichten.

Der Kurs
führt die Dampfschwalbe vom Rathaus nach
Bauschanze–Theater (mit Anschluß nach
Küsnacht sowie nach Thalwil)–
Mainaustraße–Zürichhorn–
Wollishofen-Huber–Wollishofen-Ziegelhütte–
Belvoir–Bahnhofstraße–Theater.

Wipkingen
nach der Jahrhundertwende.
Erst 1908 wurde die Straßenbahnlinie nach
der Nordbrücke errichtet.

◁ Noch 1914
war der Zürcher Rennweg ein so gemütliches
Fußgänger- und Flanierparadies,
daß der Photograph seinen dreibeinigen
Kasten in aller Ruhe mitten auf der
Straße aufstellen konnte.

Von der Spanischbrötlibahn zur SBB

Spanischbrötlibahn – Zürcher Bahnhof – «Linksufrige» und «Rechtsufrige»

Die Eisenbahn, die große technische Neuerung des 19. Jahrhunderts, war berufen, für die wirtschaftliche und gesellschaftliche Weiterentwicklung der Menschheit eine einmalige Bedeutung zu erlangen. Die Dampfkraft sicherte ihr in wenigen Jahrzehnten ein weitgehendes Transportmonopol auf dem Festland. In der Schweiz sind die Bahnen am Anfang unseres Jahrhunderts verstaatlicht und in der Zwischenkriegszeit auf elektrischen Betrieb umgestellt worden. In Zürich gehört die Eisenbahn überdies zu jenen Gestaltungselementen, die wesentlich zum Aussehen des heutigen Stadtbildes beitrugen.

Der Aufschwung, den die Bahnen in der zweiten Hälfte des letzten Jahrhunderts erfahren durften, vollzog sich nicht ohne Irrtümer, Anpassungsschwierigkeiten, Reibungen und teuer erkaufte Erfahrungen. Wenn es sich um die Planung einer Bahnlinie handelte, was in das Bild und die Verkehrssituation einer Landschaft einen gewaltigen Eingriff bedeutete, stießen wirtschaftliches, politisches und örtliches Streben stets hart aufeinander. Aus solcherart widerstreitenden Kräften gingen nicht immer befriedigende Lösungen hervor. Viele heute verkehrsabgelegene und damit behinderte Gemeinden haben dies ihrem damaligen Widerstand gegen eine geplante Eisenbahnlinie zu verdanken.

Nur ein Jahr nachdem das erste Dampfschiff den Zürichsee zu durchpflügen begonnen hatte, befaßte sich die Zürcher Handelskammer auch schon mit der Idee von Eisenbahnverbindungen nach Basel, Chur und an den Bodensee. In der Öffentlichkeit wurde der Gedanke mit Sympathie aufgenommen. Man bezeichnete die Eisenbahn als das demokratischeste Verkehrsmittel, als Radikalkur gegen den Kantönligeist und als Vehikel der Zivilisation. Allerdings wurden die Eisenbahnunternehmungen gelegentlich auch als «Fuhrleute en gros» apostrophiert.

Erste Bekanntschaft mit dem «wichtigsten Verkehrsmittel der Neuzeit» machten die Limmat-Athener 1837 in einer «Meßbude am Graben», wo der Hamburger Mechanikus C. Döringer «mit obrigkeitlicher Bewilligung, die hier angekommene erste Eisenbahn Deutschlands, welche von Nürnberg nach Fürth gemachet worden ist», in einem Modell mit einem sehr schönen Kunst-Panorama zeigte: «eine genaue Darstellung des Lokomotivs (Dampfwagens) und des Tenders (Kohlenwagens) als auch die getreue Nachbildung des bunten Schweifens von neun mit Personen aller Stände wohlbesetzten Passagierwagen».

Eigentlicher Pionier einer Eisenbahn auf Schweizer Boden war Oberst Friedrich Hünerwadel aus Lenzburg, Mitglied der aargauischen Baukommission. Am 19. Februar 1836 legte er dem aargauischen Kleinen Rat eine Eingabe vor, die den Bau einer Eisenbahn zwischen Zürich und Basel zum Gegenstand hatte. Er wies darauf hin, daß rund um die Eidgenossenschaft schon Eisenbahnen projektiert würden. In seinen Ausführungen versuchte er auch auf die Einwände einzugehen, die damals allgemein gegenüber dem Bahnbau geltend gemacht wurden, nämlich, «daß durch Anlegung von Eisen-Bahnen das Zug-Vieh verdrängt und unabsehbare Störungen in vielen Erwerbszweigen, besonders im Landbau, entstehen könnten». Nach seiner Auffassung «war ein Bahnbau durchaus nur in Verbindung mit Dampfwagen denkbar». In Linz würden zwar an Stelle der Dampfwagen Pferde vorgespannt. Ja, man hege sogar die Absicht, «auf der so viel besprochenen Eisen-Bahn zwischen Nürnberg und Fürth bloß zwei- oder dreimal wöchentlich mit dem Dampfwagen» zu fahren und die übrige Zeit, um Brennstoff zu sparen, Pferde vorzuspannen.

Schon im März des gleichen Jahres übernahm Zürich die Führung im Bau der ersten Schweizer Bahn. 1837 erschien in der hiesigen Presse die «Einladung zu Subskripzionen für eine Eisenbahn von Basel nach Zürich», in der ein provisorisches Komité unter Herrn Alt-Bürgermeister von Muralt das Publikum «zu vorläufigen Unterzeichnungen von Akzien» einlud.

Da aber für die geplante «Basler-Zürcherische Eisenbahngesellschaft» von 30 000 Aktien nur 9000 Stück gezeichnet worden waren, mußte 1841 zur Liquidation geschritten werden. Dem neuen Verkehrsmittel stand man, hauptsächlich in Hinsicht auf die Terrainschwierigkeiten, noch skeptisch gegenüber.

Dazu kam eine in vielen Volksschichten verbreitete Abneigung gegen die Neuerung. Ende der dreißiger Jahre, als die ersten Projektstudien und Vermessungen für die Bahn Zürich–Basel erfolgten, erhoben vor allem Wirte und Fuhrleute energischen Protest, da sie um ihre Existenz bangten. Zu ihnen gesellten sich auch die Bauern. Abergläubische Vorstellungen verliehen der Bewegung Auftrieb. Im Fricktal, in Würenlingen, bei Klingnau und in Siggental wurden Vermessungsstangen ausgerissen, im aargauischen Wallbach kam es zu einem eigentlichen tumultuarischen Aufstand. Nur mit Mühe konnten die aufgeregten Bauern und Handwerker wieder beruhigt werden. Erst der einstweilige Verzicht auf den Bahnbau setzte der Empörung ein Ende. Noch 1844 schrieb Gerold Meyer von Knonau in seiner Kantonsbeschreibung: «Ob der Kanton Zürich je eine Eisenbahn erhalten wird, bleibt dahingestellt.» Im folgenden Sommer wurde, angefeuert durch den unermüdlichen Eisenbahnpionier Martin Escher-Hess, den «Dampf-Escher», ein Initiativkomitee gegründet. Die Kantone Zürich und Aargau erteilten innert kürzester Frist die für den Bahnbau nötigen Konzessionen. Das Komitee entschloß sich daher, vorläufig nur die Strecke zwischen Zürich und Baden als Anfang der Linie nach Basel auszubauen. Im März 1846 konstituierte sich die «Schweizerische Nordbahn-Gesellschaft», das erste Privatbahn-Unternehmen unseres Landes.

Die Planung der «Spanischbrötlibahn» kam rasch über die Anfänge hinaus. Dank großzügigem Entgegenkommen bei den Expropriationen machten die Bauern, die ihr Land zur Verfügung stellen mußten, einen tüchtigen Schnitt. Von 620 Eigentümern zwischen Zürich und der Kantonsgrenze traten 510 auf dem gütlichen Weg der Vereinbarung ihre Grundstücke ab. Zu Widerständen kam es erst in den aargauischen Gemeinden Neuenhof, Killwangen und Spreitenbach, deren Bewohner glaubten, daß das Terrain und ihre Ernteerträge zu niedrig eingeschätzt würden. Die eisenbahnfeindliche Stimmung griff schließlich über die nahe Kantonsgrenze. Vor allem in Dietikon, das eine größere Station erhalten sollte, machte sich heftige Opposition geltend, die durch Zusammenstöße zwischen Bahnarbeitern und Bevölkerung noch verschärft wurde. Schließlich mußte die Nordbahn gegen Übergriffe und Diebstähle von Eisenbahnschwellen an verschiedenen Punkten der Baustelle eigene Wächter aufstellen, und ein Vorstoß der Bahndirektion führte im November 1846 zu den ersten «Polizei Vorschriften zum Schuze der Schweizerischen Nordbahn».

Am 9. August 1847 nahm die Nordbahn von Zürich nach Baden den Betrieb auf. In Würdigung eines in Zürich beliebten Badener Gebäcks wurde ihr bald der Name «Spanischbrötlibahn» zuteil. Am Eröffnungstag feierte die Bevölkerung Zürichs, des Limmattales und der angrenzenden aargauischen Gemeinden ein fröhliches Fest. Auf der bekränzten Lokomotive standen in alten Waffenrüstungen mit Bannern in der Hand zwei Lokomotivführer. In einem offenen Wagen fuhr eine Musikkapelle mit, Stationen und Wärterhäuschen entlang der Strecke waren mit Kränzen und Blumengirlanden geschmückt. Das Volk erkletterte die Bahndämme, überstieg die Umfriedungen, um das Dampfroß, von dem man bis jetzt nur vom Hörensagen vernommen hatte, als Künder einer neuen Zeit gebührend anzustaunen. Schon am 11. August stellte die «Jungfer Lehrerin Anna Kappeler das Ansuchen», der Badener Stadtrat möge der obern Mädchenschule einen Beitrag bewilligen, damit sie am folgenden Tag nach Zürich reisen könne. Das Gesuch wurde bewilligt mit der Begründung: «Man wird für die großen Opfer, so Baden gebracht hat, auch noch der Unschuld ein Opfer bringen können.»

Ein finanzieller Erfolg blieb der ersten Eisenbahn «wegen der Kleinheit der Verhältnisse» versagt; aber die Initialen der «Spanischbrötlibahn» wiesen als

SBB durch einen lustigen Zufall schließlich der Schweiz den Schienenweg in die Zukunft.

In den fünfziger Jahren erhielt Zürich einen Schienenstrang zum Bodensee, in den sechziger Jahren (ab Altstetten) die Ämtlerbahn nach Zug, in den siebziger Jahren eine linksufrige und in den neunziger Jahren auch eine rechtsufrige Bahnverbindung. Außerhalb der Stadt verästelten sich diese Linien zu einem ständig enger werdenden Eisenbahnnetz. Wie einsichtslos – oder querköpfig – bisweilen vorgegangen wurde, zeigt das Beispiel der ziemlich kurzlebigen Nationalbahn, welche in den achtziger Jahren als «Volksbahn» den bestehenden «Herrenbahnen» den Rang ablaufen sollte. Sie wollte Konstanz mit Genf verbinden, sich aber abseits der großen Zentren halten. Dadurch war sie gezwungen, von Winterthur bis Effretikon neben der schon vorhandenen Bahn zu fahren und nachher den Weg über Kloten–Otelfingen–Lenzburg einzuschlagen.

Die Personenzüge unserer Bahnen erreichten bei Beginn des Ersten Weltkrieges eine mittlere Reisegeschwindigkeit von dreißig bis vierzig Kilometern. Das bedeutete eine beachtliche Verbesserung gegenüber den Anfängen der Bahnzeit, als die Fahrt von Zürich nach Baden 45 Minuten und nach Romanshorn zweieinhalb bis drei Stunden gedauert hatte. Vier bis fünf Zugspaare, mit eher ungünstigen Abfahrtszeiten bestritten damals den ganzen Verkehr. Schnellzüge fanden erst später Verbreitung.

Weder die Lokomotiven, die für die Spanischbrötlibahn auf der Straße herangeführt werden mußten, noch die Wagen, deren Konstrukteure eigentlich bloß das Vorbild der Kutschen kannten, hätten große Geschwindigkeiten erlaubt. Obschon im Anschluß an die Eröffnung der Bahn eine Zeitung mitteilte, über die treffliche Einrichtung der schönen und bequemen Wagen sei jedermann erfreut, waren die ersten Personenwagen spartanisch einfach. Als einzige Annehmlichkeit waren eine Lüftung und an der Stirnwand eine bescheidene Petrollampe vorhanden. Bei nur 4,8 Meter Länge enthielten sie 32 Drittklaß-Sitze. Der Abstand von einer Banklehne zur andern betrug wenig mehr als einen Meter. In der zweiten Klasse befanden sich zwanzig, in der ersten Klasse sechzehn Plätze. Die Fenster waren klein, die Beleuchtung dürftig, und eine Heizung fehlte ganz. Eine Fahrt kostete 80 Rappen.

Dem Kostenvoranschlag für die Bahn nach Romanshorn war ein Fahrpreis von fünf Rappen pro Kilometer in der dritten Klasse zugrunde gelegt; die erste Klasse kostete das Doppelte. Für Hin- und Rückfahrten sowie für die Reise mit dem morgens sehr früh abgehenden Güterzug wurde der Billettpreis um ein Fünftel ermäßigt. Entgegen den Erwartungen der Bahngesellschaft bevorzugte das Publikum wegen der hohen Fahrpreise die dritte Klasse.

Als erster Standort für den Zürcher Bahnhof war der Talacker in Betracht gezogen worden. Der Schanzengraben sollte schiffbar gemacht werden, um die Verbindung des Bahnhofes mit dem See herzustellen. Ein aus England beigezogener Fachmann empfahl, die Bahn statt dessen am linken Sihlufer beginnen zu lassen. Der Kleine Stadtrat und die um ihre Meinung befragte Bürgergemeinde wünschten die Bahnstation jedoch in der Stadt zu haben. Zu diesem Zweck schenkte Zürich der Bahngesellschaft den größeren Teil des ehemaligen Schützenplatzes oberhalb der Platzpromenade. Die Stadt bekundete damit ihre Anteilnahme am neuen Verkehrsmittel, das so ungeahnte Ausblicke eröffnete.

Solange der Bahnbetrieb nur beschränkte technische Anforderungen stellte, wurden die Bahnhöfe möglichst einfach und billig gebaut. Der von einem Holzzaun umgebene Zürcher Bahnhof bestand zur Hauptsache aus fünf Geleisen und einer über ein System von Drehscheiben erreichbaren Lokomotiv-Remise. Von den Geleisen wurde das mittlere, nicht gedeckte, als Dienst- oder Manövriergeleise bezeichnet. Links und rechts davon befanden sich zwei Hallen gleicher Bauart mit je einem Geleisepaar. Die südliche, der Stadt näher gelegene Halle war für die abgehenden, die andere Halle für die ankommenden Reisenden bestimmt. Stadtseits der Geleise stand das Aufnahmegebäude mit Wartsaal und Dienstlokalen. Gegen die Limmat erhob sich eine Schau-Fassade mit fünf Bogenöffnungen.

Dieser ursprüngliche Bahnhof war am selben Ort wie der gegenwärtige Hauptbahnhof, der übrigens heute noch rund vier Fünftel aller an zürcherischen

SBB-Stationen abfahrenden Reisenden bewältigt. Anläßlich seiner Errichtung kam er zwar auf Stadtgebiet zu liegen, aber an eine damals noch recht abgelegene Stelle. Zu Fuß und per Wagen konnte man den Bahnhof nur auf Umwegen, über Hindernisse oder durch Engpässe erreichen. Als auch vom Bodensee her ein Schienenstrang näher an Zürich heranrückte, erkannte man hier, daß die Zufahrtsverhältnisse zum Bahnhof dringend einer Verbesserung bedurften. Zunächst geschah allerdings nichts. Die Bahngesellschaft erwog eine Verlegung ihrer Station an den Paradeplatz oder noch näher gegen den See, um dort für den Durchgangsverkehr einen Anschluß an die Schiffahrt zu finden. Der Stadtrat beschloß, nichts an eine solche Versetzung des Bahnhofes zu zahlen. Hingegen werde er im Falle der Beibehaltung des bisherigen Standortes nach Kräften für eine neue Verkehrsverbindung wirken. Gestützt hierauf erzwang die Gemeindeversammlung 1854 eine Verlängerung des Limmatquais von der Rosengasse an abwärts und 1861 eine Fortsetzung dieses Quais durch eine befahrbare Brücke zum Bahnhof hinüber.

Vorher, als der Schienenweg nach Romanshorn zustande gekommen war, hatten die Zürcher zwei Tage lang «Dampffesttag» gefeiert. Vom Bodensee bis Oerlikon stand die Bahn bereits im Sommer 1855 in Betrieb. Aber für die Geleise von Oerlikon nach Zürich benötigten die Ingenieure noch zusätzliche sechs Monate. Der Wipkinger Tunnel und die anschließende Limmatbrücke stellten die anspruchsvollsten Bauwerke der ganzen Linie dar. Dem Gestein wußte der noch in den Anfängen steckende schweizerische Tunnelbau lediglich mit Pickel und Sprengstoff beizukommen. Mit 950 Meter Länge gehörte der erste auf dem Gebiet der heutigen Stadt Zürich erstellte Tunnel zwischen Oerlikon und Wipkingen bereits zu den umfangreicheren Konstruktionen jener Epoche.

Bei der Projektierung der Strecke vom Glattal zur Limmat hatte sich die Bahngesellschaft für einen Bahnhof in Oerlikon entschieden, das damals noch zur politischen Gemeinde Schwamendingen gehörte. Von hier bis zur wesentlich tiefer gelegenen Station in Zürich wäre der Weg über den Milchbuck gegeben gewesen. Dies hätte jedoch Steigungen bedingt, die über das hinausgingen, was einer Bahn zugemutet werden konnte. Aus diesem Grund mußte ein Tunnel unter dem Rötel hindurchgeführt werden. Von der Wipkinger Tunnelmündung an war die weitere Strecke abermals durch das technisch annehmbare Gefälle diktiert. Es verlangte, daß die Bahn in einer Höhe von zwölf Metern über die Limmat geführt wurde und am jenseitigen Ufer auf einem sich allmählich senkenden Damm dem Bahnhof zustrebte. Das dem Tunnel entnommene Aushubmaterial sollte für die Aufführung dieses Dammes dienen. Hiefür mußte aber zunächst die Brücke über die Limmat wenigstens im Rohbau vorhanden sein. Weil die spätere Vergrößerung der Bahnhofanlagen als neue Zufahrt zur Brücke einen Viadukt erforderte, ist der seinerzeitige Bahndamm zur Röntgenstraße geworden.

Ähnlich wie in Wipkingen konnte auch bei der rechtsufrigen Bahn wegen des Tunnelbaus die Zufahrt vom Stadelhofen zum Hauptbahnhof erst ein halbes Jahr später als die übrige Strecke befahren werden. Daß diese Bahn ihren Betrieb nicht vor 1894 aufnahm, erscheint einigermaßen erstaunlich, wenn man sich vergegenwärtigt, daß die frühesten Projekte von 1870 datierten und daß die Nordostbahn-Gesellschaft, welche die linksufrige Linie sowie die Dampfschiffahrt in Händen hielt, sich schon 1873 zum Bau verpflichtet hatte. Ursprünglich sollte die Bahn so eng wie möglich dem Ufer folgen. Die Verzögerung um ein Vierteljahrhundert war jedoch insofern von Vorteil, als man anfänglich sowohl an einen Trajektverkehr vom Sechseläutenplatz zum andern Seeufer gedacht als auch eine Eisenbrücke über den See geplant hatte. Diese wäre in spitzem Winkel zu der damals noch nicht bestehenden Quaibrücke verlaufen.

Gegen diese Absichten erhob sich vor allem in Riesbach und in der Stadt heftiger Widerspruch. Der Linienführung wurde vorgeworfen, die geplanten Quaibauten zu verunmöglichen und den Straßenverkehr durch Niveauübergänge zu behindern. Die Zürcher Behörden machten ihre finanzielle Mitwirkung von der Wahl eines andern Trasses abhängig. Allgemein hatte sich die Erkenntnis durchgesetzt, auf die vorher als nötig erachtete Bahn vom Hauptbahnhof zum See könne verzichtet werden. Mannigfache Ersatzvorschläge für die Streckenführung im untern

Teilstück der «Rechtsufrigen» wurden angepriesen. Am Ende drängte sich die heutige Linienführung auf, die nach dem Tiefenbrunnen in nordöstlicher Richtung ausholt, vor dem Wildbach in einen Tunnel verschwindet und unten an der Kreuzbühlstraße wieder ans Tageslicht führt. Für die Fortsetzung nach dem eng an den Abhang geschmiegten Bahnhof Stadelhofen wurde konsequent am Tunnelgedanken festgehalten.

Die bedeutendste Änderung des Stadtbildes – im Sinne einer Verschönerung – ergab sich später aus der Tieferlegung der linksufrigen Eisenbahn zwischen dem Hauptbahnhof und Wollishofen. Diese Linie hatte während eines halben Jahrhunderts die Quartiere Außersihl, Wiedikon und Enge durchschnitten, ehe sie unter die besiedelte Ebene gebracht worden ist. Die alten Geleise der seinerzeitigen Nordostbahn zum linken Seeufer waren ungefähr der heutigen Seebahnstraße und Alfred-Escher-Straße gefolgt, wobei sie den jetzt von Autos befahrenen Ulmbergtunnel benützten. Eine zu einem Wohnhaus umgestaltete ehemalige Bahnwärterbude an der Tunnelstraße hält die Erinnerung an die einstige Bahnstrecke wach.

Um den «eisernen Ring», den die Geleise ursprünglich bildeten, zum Verschwinden zu bringen, war nicht nur eine Verlegung der Sihl auf einer Strecke von 900 Metern und eine Hebung des Flußbettes um 4,6 Meter nötig. Es brauchte auch einen Wiedikoner-, einen neuen Ulmberg- und einen Wollishofer Tunnel, es brauchte neue Stationen in Wiedikon und in der Enge. Kein Wunder, daß ein so gewaltiges Vorhaben nicht auf ersten Anhieb gelang. Als 1895 von einer Vergrößerung des Hauptbahnhofes die Rede war, dachten die städtischen Behörden und die Bahnorgane an eine vermehrte Aufschüttung von Dämmen. Diesem Hochbahnprinzip stellte der Zürcherische Ingenieur- und Architektenverein den Plan einer Tieferlegung des Trasses entgegen und ließ sich trotz großer Widerstände nicht davon abbringen. Durch eine Gemeindeabstimmung von 1914 ist die Tieferlegung gutgeheißen worden. Mit deren Beendigung im Jahre 1927 sind zwölf Niveauübergänge dahingefallen, darunter die Tramkreuzungen Badenerstraße, Birmensdorferstraße und Seestraße, wo sich die Barrieren tagtäglich über hundertzwanzigmal gesenkt hatten.

Am Ende des Ersten Weltkrieges wollten die Bundesbahnen von der Einfuhr ausländischer Kohle unabhängiger werden. Sie schritten deshalb zur Elektrifizierung, und die Gotthardlinie gehörte zu den am frühesten mit Fahrleitungen ausgerüsteten Strecken. Nach Luzern–Chiasso drängte sich die Anschlußstrecke Arth-Goldau–Zürich auf. Seit dem 5. März 1923 fahren die Zürcher Gotthardzüge elektrisch.

Schienen erobern die Stadt

Rößlitram – Städtische Straßenbahn – Uetliberg-, Sihltal- und Forchbahn – Seilbahnen

Straßenbahnen sind in Zürich verhältnismäßig spät aufgekommen. Mancherlei Gründe stellten sich ihrer Einführung entgegen, hauptsächlich aber wohl das Fehlen eines wirklichen Bedürfnisses. Bezeichnend dafür ist wohl die Tatsache, daß von 1865 bis 1877 nicht weniger als drei Unternehmer vergeblich versuchten, fahrplanmäßige Pferde-Omnibusse zwischen dem Seefeld und dem Zürcher Bahnhof zu betreiben.

An frühen Vorschlägen und Projekten für Tramways hatte es nicht gemangelt. Als Genf und zwei seiner Vororte durch Schienen verbunden wurden, fand dies in Zürich sofort wache Aufmerksamkeit. Der Vater des späteren Generals Wille setzte sich in einer anonymen Broschüre für den Bau einer Pferdebahn ein.

Im Mittelpunkt des Interesses stand eine Schienenverbindung vom Bahnhof zum See. Die Regierung ließ darüber Gutachten erstellen. Am aussichtsreichsten schien zunächst eine Pferdebahn, die durch die damals geplante Bahnhofstraße führen und sich oberhalb des Paradeplatzes, für den Personenverkehr zum Schiffssteg am Bauschänzli und für den Güterverkehr zur Enge, verzweigen sollte. Einflußreiche Männer aus Riesbach, Zollikon und Küsnacht, das sogenannte Küsnachter Komitee unter Führung von Seminardirektor Fries, traten in Verhandlungen mit einem Unternehmer, der auf dem Kontinent ein wenig vollkommenes englisches System mit drei Schienen ausbeutete. Der Regierungsrat und die städtische Verwaltung beeilten sich aber keineswegs, die Bewilligung zu erteilen, da immer vielfältigere Ideen und Absichten auftauchten. Die Stadt schickte schließlich ihren Ingenieur auf eine Studienreise ins Ausland. Nach seiner Rückkehr warnte er unter anderem davor, Bau und Betrieb des in nähere Erwägung gezogenen Dreischienensystems einem ausländischen Spekulanten anzuvertrauen.

Erst 1882 kam Zürich zu seinem Rößlitram. Die für das folgende Jahr in Aussicht genommene Landesausstellung und die beabsichtigten Quaibauten hatten das Verkehrsproblem plötzlich stärker in den Vordergrund gerückt. Die Gemeinden Zürich, Außersihl, Enge und Riesbach schlossen sich zu einem Verband zusammen. Die daraus hervorgegangene Zürcher Straßenbahn AG beauftragte eine englische Firma, die Schienen für eine Pferdebahn zu legen, welche drei Linien zu bedienen hatte: Tiefenbrunnen–Bahnhof–Paradeplatz; Paradeplatz–Enge; Helmhaus–Paradeplatz–Friedhof Sihlfeld. Stallungen, wo jeweils wieder ein ausgeruhtes Pferd angespannt wurde, befanden sich im Seefeld und in Wiedikon.

Die einspännigen Wagen mit sechzehn Sitz- und acht Stehplätzen erreichten eine Geschwindigkeit von höchstens neun Kilometer. Eine Fahrt innerhalb einer Gemeinde kostete zehn Rappen, ein Transport von einer Nachbargemeinde in die Stadt fünfzehn Rappen und eine Reise von der Gemeinde durch die Stadt in eine andere Außengemeinde oder aus der Stadt nach einem jenseits der linksufrigen Zürichseebahn gelegenen Punkt in Außersihl zwanzig Rappen. Für das Tram bestanden feste Haltestellen, doch Ein- und Aussteigen wurde auch während der Fahrt geduldet. Die Wagen verkehrten im Zehnminutenbetrieb, wobei die Turmuhr der Peterskirche für den Fahrplan maßgebend war. Als Warnsignal im Verkehr diente anfänglich eine Mundpfeife des Kutschers, später eine an der Stirnwand angebrachte Schelle.

Die Polizei verhielt sich gegenüber dem ungewohnten Verkehrsmittel zurückhaltend. Sie verlangte – allerdings vergeblich – die Aufstellung von Bahnwärtern an allen Knotenpunkten; sie verfügte nach einem schweren Unfall die vorübergehende Einstellung des Betriebs; sie verbot auf der Bahnhofstraße das den Bäumen schadende Salzstreuen im Winter; sie schrieb vor, daß bei der Jakobskirche während des Gottesdienstes im Schritt gefahren werden mußte. Wegen rücksichtslosen Fahrens wurden 1885 zwei Tramführer gebüßt, zur gleichen Zeit aber auch 22 Fuhrleute wegen Nichtausweichens und sechs Fahrgäste wegen ungehörigen Benehmens «mit Bußen belegt».

Versuchsfahrten auf dem Schienennetz mit einer Dampflokomotive (1882) und einer Akkumulatoren-Lokomotive der Maschinenfabrik Oerlikon (1890) vermochten die Pferdetraktion vorerst nicht zu verdrängen. Erst später setzte sich das elektrische Tram durch, das aber den Nachteil hatte, von einer besonderen Fahrleitung abhängig zu sein.

Das Netz der Pferdebahn hatte eine Betriebslänge von etwas über achteinhalb Kilometern. Es erfuhr nie eine Ausweitung. Für die weniger ebenen Strecken wäre Pferdetraktion ungeeignet gewesen. Deshalb wurden bald verschiedene Dampfstraßenbahnen geplant. Inzwischen war jedoch bereits der Elektromotor herangereift. Er erlaubte 1894 den Gemeinden Hirslanden und Hottingen, die erste elektrische Straßenbahn in Betrieb zu nehmen, die mit einer zulässigen Höchstgeschwindigkeit von 15 Kilometern vom Bellevue hinauf zur Burgwies und vom Bellevue über den Pfauen und Römerhof zum Kreuzplatz fuhr.

Dazu kam die Zentrale Zürichbergbahn AG, die im Februar 1895 die Linien vom Bellevue zur Kirche Fluntern und im folgenden November die Zweiglinie von der Platte zum Rigiplatz eröffnet hatte und gelbe Tramwagen besaß. Ein anonym gebliebener Vers-Chronist meinte dazu:

Elektrische Bahnen sind schon zwei
zur Zeit in Zürich im Gange;
im Werke sind noch andere drei –
will's Gott, geht's nicht mehr lange.

Das Hottinger Tram ist meistens prompt,
recht pünktlich die Wagen fahren,
und wenn man gerade zur Abfahrt kommt,
kann man viel Zeit ersparen.

Auch ist der Preis durchaus normal,
die Einheitstaxe vernünftig,
und hoffentlich kommt's dazu einmal
auch bei den anderen künftig.

Von der Zürcher Centralbahn, die zur Höh'
hinaufführt, gilt nicht dasselbe,
man braucht ein größeres Portemonnaie,
wenn man benutzt die Gelbe.

Schon seit der im Jahre 1893 erfolgten ersten Eingemeindung zeigte die Stadt das Bestreben, die Straßenbahnen an sich zu ziehen. Mitte 1896 kommunalisierte sie als erste Stadt des Kontinents die elektrische Straßenbahn, das «Hottinger Tram», und erwarb bald darauf auch das Rößlitram. Die Pferde wurden in ihrer Stallung an der Hufgasse versteigert, das Rollmaterial teils zu Sommerwagen umgebaut. Einer der Wagen diente noch für einige Zeit in Außersihl als Tramwarthäuschen.

Nach dem Übergang der ersten Tramlinien in die öffentliche Hand wurde die Geschichte der Straßenbahn im wesentlichen eine Geschichte des technischen Fortschritts und der wachsenden Zahl von Benützern, eine nicht abreißende Kette von steigenden Kosten und hinter dem Aufwand nachhinkenden Fahrpreisen.

Am 19. März 1900 wurde den Stimmbürgern gleichzeitig mit dem Begehren auf «Verschärfung der Polizeihunde» der Antrag auf «Umbau der Pferdebahn zu elektrischem Betrieb» vorgelegt und begeistert gutgeheißen, denn «die Wohltat des Verkehrsmittels in bezug auf Ausdehnung des Straßennetzes, richtigen Fahrplan, mäßiges Fahrgeld, geordneten Betrieb, bei schonender Fürsorge für die Angestellten, kommt der Einwohnerschaft nur auf elektrischem Wege in vollem Umfang zugute». Schon am 22. September meldete die «Zürcher Wochen-Chronik»: «Die Umgestaltung der Straßenbahn vom Pferdebetrieb zum elektrischen ist nun so ziemlich durchgeführt und zur Freude der Einwohner gelungen. Die unnötigen Klagen und das sinnlose Schimpfen über die Störung des Verkehrs, die Zeit der Verlegung der Bauten in die Fremdensaison, kurz über alles mögliche, was damit zusammenhing, haben nicht nur aufgehört, sondern sich in ein allgemein ertönendes Lob über die Energie, die entfaltet wurde, und die Genauigkeit und Solidität der Arbeit umgewandelt. Schön sah es, wer wollte es leugnen, in den Straßen und Plätzen nicht aus. Aber wie konnte es anders sein?» Bereits im Juli waren im Depot Badenerstraße 30 arbeitslos gewordene Pferde versteigert und am 1. September 20 Stück entbehrlich gewordene Pferdebahnwagen verkauft. Am gleichen Tag «huschte ohne das obligate Pferdegetrappel» die erste Elektrische über den Paradeplatz. Drei Wochen später schrieb die Presse: «Von verschiedenen Seiten laufen bei uns Klagen ein über die rasche Gangart des elektrischen Trams. Nicht nur sei der Lärm ein störender, sondern es werde auch, besonders in den Straßen mit Asphaltbelag ein so fürchterlicher Staub aufgewirbelt, daß man die Fenster der angrenzenden Häuser nicht mehr öffnen könne.»

Im Zuge der Vergrößerung des zürcherischen Tramnetzes nahm die Stadt die Gelegenheit zum Erwerb weiterer auf privater Grundlage betriebener elektrischer Straßenbahnen wahr. Die wachsende Bedeutung der sich in jeder Beziehung entfaltenden Stadt hatte auch in den Nachbargemeinden den Wunsch nach besseren Fahrgelegenheiten aufkommen lassen, weil man auf die eigenen Füße oder auf teure Lohnkutschen angewiesen war.

Die Stadt erwarb 1905 die Zentrale Zürichbergbahn. 1902 kaufte sie die vier Jahre alte Straßenbahn ins Industriequartier, welche den Bahnhof mit der Hardturmstraße verband, und 1923 gelangte sie in den Besitz des ebenfalls 1898 errichteten Trams, das von der Wipkinger Brücke zur Wartau Höngg verkehrte. Das 1929 an die Stadt übergehende Oerlikoner Tram, welches vom Central bis Glattbrugg und Schwamendingen hotterte, war 1897 unter enger Mitwirkung der Maschinenfabrik Oerlikon entstanden, die hier eine Gelegenheit wahrgenommen hatte, in nächster Nähe die Anwendung der Elektrizität auf dem Gebiete der Zugsförderung zu entwickeln. Auch die gleichzeitig von der Stadt übernommene Straßenbahn ins Limmattal hatte ihren Betrieb im Jahre 1900 nur dank der Unterstützung durch Brown Boveri und der Wagonfabrik Schlieren aufnehmen können. Laut ihrer Konzession sollte sie nur bis zur Stadtgrenze fahren. Aufgrund einer Vereinbarung fuhr sie aber bis zum Bahnübergang bei der Kalkbreite, und umgekehrt zirkulierten städtische Tramwagen bis Dietikon; lediglich das Fahrpersonal hatte an der Stadtgrenze zu wechseln. Einem Schützenfest verdankte schließlich die 1907 gebaute und 1925 an die Stadt abgetretene Albisgütlibahn ihre Entstehung; sie geriet indessen sehr rasch ins Serbeln und stand dann bloß noch im Sommer, später lediglich noch an Sonntagen dem Ausflugsverkehr zur Verfügung.

Hauptsächlich für den Ausflugsverkehr hatte 1875 die anfangs selbständige Uetlibergbahn ihren Betrieb aufgenommen. Der steile, bewaldete Rücken neben der Stadt lockte die Erbauer von Bergbahnen, die zu jener Zeit ihre ersten Sporen abverdienten. Früher hatte man den Uto nötigenfalls per Maultier vom Albisgütli aus oder mit Eseln und Pferden erreichen können. Ob die Gründer der Bahn vorwiegend auswärtige oder einheimische Gäste auf den Berg zu befördern hofften, läßt sich nicht mehr ermitteln. Fremde müssen aber eine wichtige Rolle gespielt haben: ihretwegen wurden nachträglich Abteile erster Klasse geschaffen, und ihretwegen gab es ein Buffet bei der Talstation. Wegen der «merkwürdigsten von allen Eisenbahnen» sollen zahlreiche Auswärtige nach Zürich gekommen sein. Billette wurden ihnen in zwölf Hotels der Stadt verkauft. Doch auch die Einheimischen fanden Gefallen an der Bahn. Bereits 1904 sind an einem Wintertag zur allgemeinen Überraschung die höchsten Tageseinnahmen erzielt worden.

Der Gedanke, eine Bahn auf den Uetliberg zu bauen, hatte sofort ein freundliches Echo gefunden. Dem Publikum waren 800 Aktien angeboten worden, doch mehr als 13 000 Zeichnungen gingen ein. Mehr Schwierigkeiten ergaben sich bei der baulichen Verwirklichung.

Wohin sollte der Ausgangspunkt in der Stadt zu liegen kommen? Ein Vordringen gegen den Talacker hätte das in Entstehung begriffene Engequartier durchschnitten; und auf einen geplanten Anschluß an die linksufrige Eisenbahn mußte aus Kostengründen verzichtet werden. Schließlich hat die Bahngesellschaft im Selnau ein geeignetes Grundstück gepachtet. Der Landerwerb für das etwas über neun Kilometer lange Trasse begegnete unerwarteten Hindernissen. Obschon Umwege in Kauf genommen wurden, blieben Maximalsteigungen von 70 Promille zu überwinden. Daß sie mit einer Adhäsionsbahn angegangen wurden, nahmen die Fachkreise damals mit Skepsis auf. Noch heute gilt eine solche Neigung als höchste Anforderung, die an eine Reibungsbahn gestellt werden kann.

Eröffnet wurde die Bahn am 12. Mai 1875. «Anfangs übertraf der Zudrang alle Erwartungen. Schon am 8. August fuhren auch die Exkaiserin Eugenie und ‚Lulu' auf den Uetliberg; eine große Volksmenge befand sich auf dem Kulm, doch wußten die wenigsten um die Anwesenheit der Kaiserin und Napoleons IV. Im November 1876 erhielt Schiffsvermieter Treichler in Zürich die Erlaubnis, mit einem kleinen Dampfschiff den Schanzengraben zu befahren und beim Botanischen Garten einen Landungssteg für die Uetlibergbahn anzulegen. Bald aber sank die Frequenz der Bahn auffallend. Dazu kamen mißliche Verhältnisse auf dem Kulm. Ein Groß-Spekulant, der bei fast allen Liegenschaftenverkäufen die Hand im Spiel hatte, kaufte schon 1872 alles Erreichbare auf dem Uetliberg zusammen, erbaute das Kulm-Hotel und später noch ein zweites, größeres ‚Hotel Uetliberg' auf der ‚Aegerten'. Am Montagnachmittag den 4. November 1878 genossen die Bewohner Zürichs den schaurig-schönen Anblick des brennenden Kulm-Hotels. Bald darauf verkaufte der Eigentümer sein Uetlibergbesitztum und zog sich auf ein Stadthotel zurück, und hier kam es bei einem Streit mit seinem Schwiegersohn an den Tag, daß dieser auf sein Anstiften das Kulmhotel angezündet hatte. Der Kriminalroman des Spekulanten schloß mit dem Zuchthaus ab.»

Die Fahrt auf den Uetliberg dauerte dreißig Minuten, und das Retourbillett kostete drei Franken. Glockensignale kündeten in den Gaststätten auf dem Berg rechtzeitig die bevorstehende Abfahrt der Züge an. Der dauernde finanzielle Erfolg ließ jedoch auf sich warten. Während eines längeren Zeitraumes lag Jahr für Jahr ein anderer Grund für einen unbefriedigenden Ertrag vor. Das Ausmieten von Lokomotiven oder der Verkauf von nicht benötigten Grundstücken gab bisweilen einen Zustupf zu den Einnahmen. Die nach dem Ersten Weltkrieg unausweichlich gewordene Elektrifizierung brachte schließlich das Budget der Bahngesellschaft ganz aus dem Gleichgewicht. Stadt und Kanton mußten helfend beispringen.

Die untere Hälfte der Strecke der Uetlibergbahn hat sich seither zu einer eigentlichen Vorortbahn gewandelt. Der Fahrplan konnte nicht mehr wie zu Anfang auf die Bahn- und Schiffsverbindungen ausgerichtet werden. Er hatte die Arbeitszeiten in der Stadt zu berücksichtigen. Diese Umstellungen riefen nach neuen Ausweichgeleisen, und aus diesen wurden Haltestellen. Es hat im Laufe der Zeit auch nicht an Konkurrenzprojekten gefehlt. Sie stammten zum Teil von Motorfahrzeugbesitzern oder von Bergwirten, die über das Automobilverbot auf der zum Uetli führenden Straße erbost waren. Sooft aber derartige Pläne auftauchten, brauchte man ihnen bloß entgegenzuhalten, eine neue Bahn müßte die von der bestehenden Uetlibergbahn besorgten Aufgaben im Lokalverkehr mit Wiedikon und Uitikon ebenfalls versehen, dann wurde es wieder still um sie.

Das Verlangen nach einer durch öffentliche Verkehrsmittel sichergestellten Verbindung zur Stadt blieb nicht auf die unmittelbaren Nachbargemeinden beschränkt. Diesem Umstand haben die Bahn ins Sihltal und die Forchbahn ihre Entstehung zu verdanken. Zunächst brauchte es allerdings wiederum Geduld.

Das Sihltal war lange ausschließlich auf Straßentransporte angewiesen, obschon es zwölf größere Industriebetriebe beherbergte und die Langnauer Post zweimal täglich einen verhältnismäßig umfangreichen Brief-, Güter- und Zeitungsverkehr zu vermitteln hatte. Die Bevölkerung mußte, wenn sie nach Zürich wollte, einen Bergrücken übersteigen und bis zu zweieinhalb Wegstunden in Kauf nehmen. Das Sihltal lag zwar vor den Toren der Hauptstadt, gehörte aber zu den unzugänglicheren Gegenden des Kantons. Die überwiegend ärmeren Gemeinden des Tales fühlten sich stiefmütterlich behandelt. Von 1892 an versah die Sihltalbahn mit sechs täglichen Personenzugspaaren einen regelmäßigen Dienst bis Sihlwald, welcher bald darauf bis Sihlbrugg ausgedehnt worden ist. In Zürich hatte sie für die Personen und die Güter verschiedene Ausgangspunkte gewählt. Während die Personenstation mit der Uetlibergbahn zusammengelegt wurde, ist für den Umschlag der Waren eine neue Haltestelle der «Linksufrigen» geschaffen worden, die den Namen Wiedikon erhielt. Im Hinblick auf den erhofften Güterverkehr wurde die Sihltalbahn von Anfang an mit Normalspur erstellt. Dieser Güterverkehr hat allerdings die in ihn gesetzten Erwartungen nie erfüllt. Dagegen ist die Bahn ebenfalls zu einer nicht mehr wegzudenkenden Vorortslinie geworden.

Die Forchbahn, 1912 eröffnet, stellt den Benjamin der Zürcher Schienenbahnen dar. Ursprünglich bis Grüningen geplant, besitzt sie eine Konzession für Fahrten zwischen Eßlingen und Zürich-Rehalp, genießt jedoch das Vorzugsrecht, die städtischen Tramgeleise bis Stadelhofen benützen zu dürfen. Vor der Inbetriebnahme dieser «Frieda» wurden die Dörfer längs der Forchstraße (seit 1836) durch Postkutschen und (seit 1903) durch Autokurse bedient.

Lange fand das innerstädtische Verkehrsnetz durch das regelmäßige Auf und Ab von drei Standseilbahnen eine wirksame Ergänzung. Das «Seilbähnli» war die älteste, die «Seilbahn» die steilste und das «Dolderbähnli» die längste Verbindung, wobei letztere seit 1973 noch weiter verlängert und überdies als erste Bahn in Zürich auf Zahnradbetrieb umgestellt worden ist. Das «Seilbähnli», heute Poly-Bähnchen genannt, das 1899 den Verkehr noch mit Wasserlast aufgenommen hat, führt nur über eine 167 Meter lange Strecke vom Central zum untern Rand des Hochschulquartiers. Es ist selbst nach Überwindung zahlreicher Hemmnisse bloß ein Torso geblieben. Dennoch trug es lange offiziell den stolzen Namen Zürichbergbahn. Die beiden andern – Dolderbahn seit 1895 und Seilbahn Rigiviertel seit 1901 – entstanden ausschließlich aus spekulativen Absichten. Ihre Ersteller hatten gegen den Berg zu gelegene Grundstücke erworben, deren Wert durch den Bau einer Drahtseilbahn von der nächsten Tramlinie her vermehrt werden sollte.

**Blick über die Limmat
und die einmündende Sihl zum Bahnhof. 1847**

Der 1847 für die
Spanischbrötlibahn erstellte Bahnhof wird
von 1867 an umgebaut.
Die Perrons werden samt der noch
bestehenden Halle überdacht,
und das Gebäude erhält einen Ausgang
auf die Bahnhofstraße.

Von der Geßnerallee
und von der Kasernenstraße führten
zwei eiserne Passerellen quer über die
Geleise zum Industriequartier.
Parallel zur untern Passerelle verlief eine
Schiebebühne, mit der einzelne Güterwagen
zwischen den Geleisen verschoben
werden konnten.

Die 1857/58 gebaute Zollbrücke
wurde erst drei Jahre später
dem öffentlichen Verkehr übergeben.
1901 ist sie an einem Tag von
15 085 Personen, 1184 Fuhrwerken und
1883 Stück Vieh passiert worden.
Für das Tram bestanden besondere Notstege.
1907 wurde die nur sechs Meter breite
Brücke verbreitert.

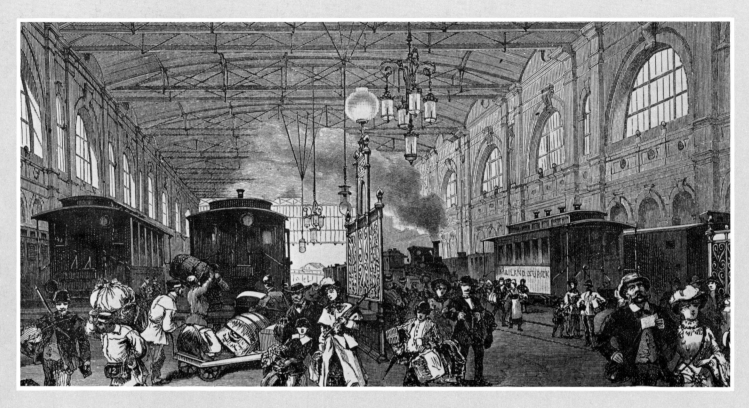

Geschäftiges Treiben in der Bahnhofhalle,
die für damalige Begriffe vorbildlich beleuchtet war.
Seit 1882 verkehren direkte Wagen
zwischen Mailand und Zürich.
Holzstich aus der offiziellen
Landesausstellungszeitung, 1. Januar 1883.

Weil Zürich in den angelsächsischen
Fahrplänen und Reisebüchern nicht erwähnt war,
beteiligte sich die Stadt 1885
an den Kosten für ein Plakat über die internationalen
Zugsverbindungen.

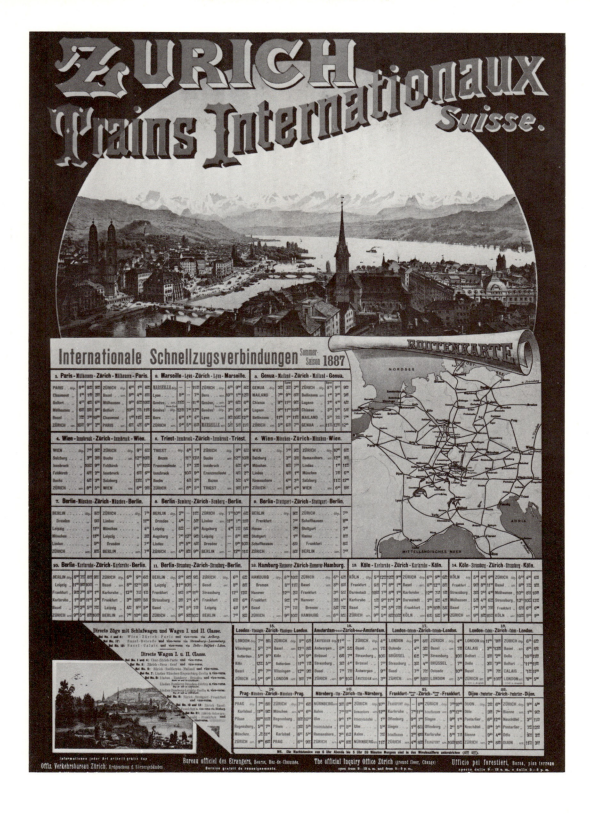

Im Jahre 1897
wurde der Verkehr auf dem Bahnhofplatz
noch von Pferden beherrscht.
Die schweren Müllereifuhrwerke vermochten
der zunehmenden Kommunalisierung
und Technisierung des Verkehrswesens
am längsten zu trotzen.

Erst mit der zunehmenden «Versteinerung»
der Stadt erwachte der Wunsch
nach Straßen- und Alleebäumen.
Leider ist von dieser 1905 noch
neuen Grünanlage vor dem Bahnhof
nichts übriggeblieben.

Taxichauffeure, Hotelportiers
und ein internationales Publikum beleben den
großstädtisch wirkenden Bahnhofplatz,
der damals zu den Sehenswürdigkeiten Zürichs zählte.
Aufnahme um 1928.

Der Bahnhofplatz am 27. September 1930.
Vor dem Bahnhof warten ganze Reihen von Hotelautos.
Aber noch beherrschen die Fußgänger das Bild,
und eine Droschkenfahrt durch die Bahnhofstraße
gehört zu den Höhepunkten mancher Hochzeitsfeier.

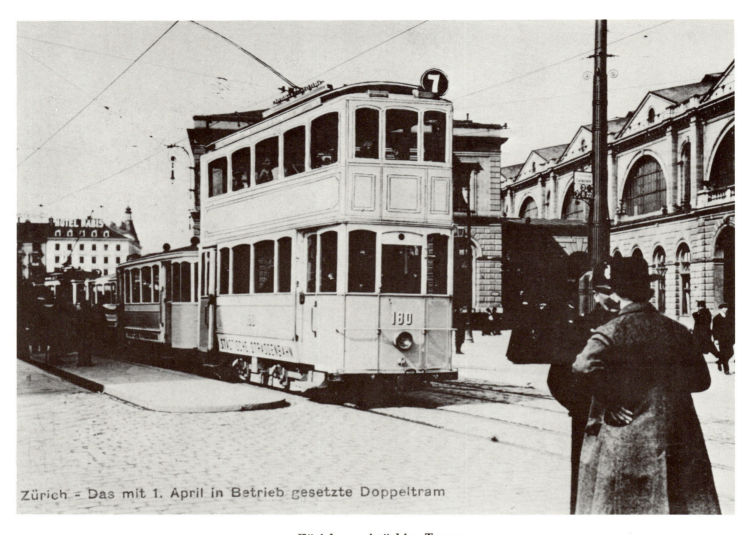

Zürich – Das mit 1. April in Betrieb gesetzte Doppeltram

**Zürichs zweistöckige Trams,
eine Postkarte aus dem Jahre 1912 als gelungener
Aprilscherz.**

**Eine belebte und beliebte Stadt
war Zürich zu Beginn der dreißiger Jahre.
Velos, Autos, Fußgänger und Straßenbahn hatten
noch gut nebeneinander Platz.**

Zürcher Idylle der dreißiger Jahre. ▷▷
**1950 verschwand das «gedeckte Brüggli»,
der vielbesuchte Globus wich einem «Provisorium».
Wo die Limmat floß, befindet sich heute
eine Autounterführung.**

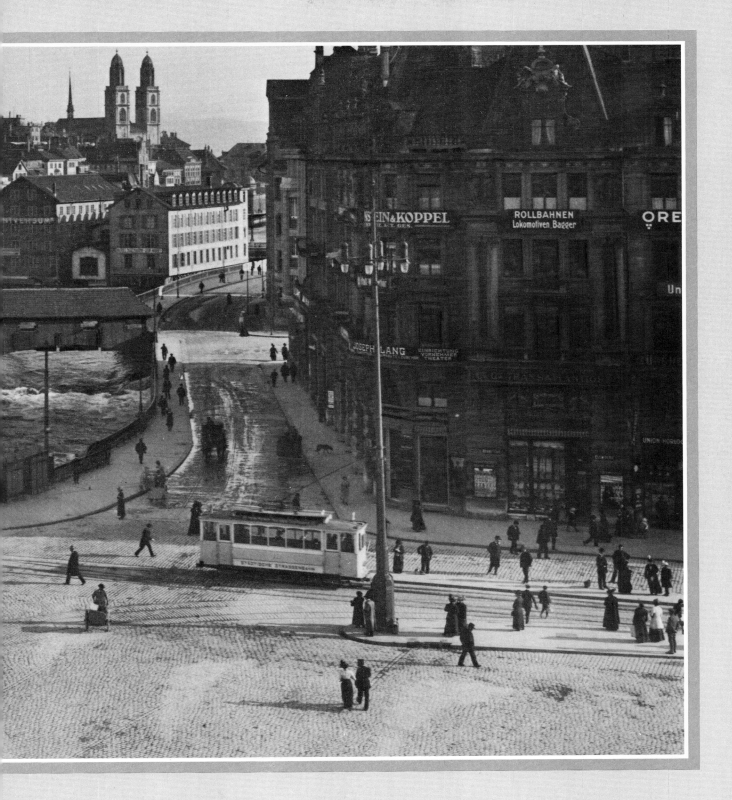

Fleißig rollt die Polybahn über ihre kurze Strecke.
Die Zahnstangen zwischen den Schienen dienen
lediglich Bremszwecken.
Mitte der neunziger Jahre führte das Bähnli
noch an Reben vorbei.

Bis zum Ersten Weltkrieg
bestanden die Transportmittel in der Stadt vorwiegend
aus Fuhrwerken und Straßenbahnen.
Das Central, wie der ehemalige Leonhardsplatz
heute heißt, stellte immer Verkehrsprobleme.

Bei der Errichtung ihrer Straßenbahn
mit Pferdebetrieb im Jahre 1882 waren die
Zürcher stolz auf diese Errungenschaft.
Doch 1900 taten die Pferde ihren letzten
Gang durch die Stadt.

Die 1897 eröffnete elektrische ZOS
(Zürich–Oerlikon–Seebach)
fuhr bis zum Central.
1906 wurde eine Anschlußstrecke nach Schwamendingen
und 1908 eine Verlängerung nach
Glattbrugg errichtet.
Aufnahme um 1900.

Kollision der ZOS mit einem Heuwagen ▷
bei der Einmündung der Beckenhofstraße in die
Schaffhauserstraße.
Aufnahme um 1910.

Verlegung der Tramgeleise,
um ein gleichmäßigeres Gefälle zu erhalten.
Aufnahme vom 4. Mai 1928 beim Beckenhof.

Der ZOS war ein längeres
Stationieren an ihrer Endstation in der
Straße verwehrt.
Das Abstellgeleise für Anhängewagen befand
sich deshalb auf privatem Grund an der
Stampfenbachstraße in der Nähe
des Centrals.

Im Sommer 1893
machte der Dampfschwalbenkurs auf der
Limmat der Straßenbahn vorübergehend
Konkurrenz.

Am Limmatquai
überwogen zu Beginn des Jahrhunderts noch
die Fuhrwerke.
Die Abzweigung des Tramgeleises über die
Münsterbrücke ist seither
beseitigt worden.

Seit der Elektrifizierung der Straßenbahn
ist der Paradeplatz
ein wichtiger Verkehrsknotenpunkt.

◁ In der ganzen Stadt
begegnete man einst den holperigen grünen
Molkerei-Fuhrwerken, die den
Hausfrauen ihre «täglich controllierte
Voll-Milch» ins Haus lieferten.
Aufnahme am Bellevue, um 1910.

«Der Tramway-Kutscher ist gehalten,
den auf dem Geleise befindlichen Personen und
Fuhrwerken die Annäherung des Tramway-Wagens
durch Signale bemerkbar zu machen.
Immerhin unter Vermeidung unnötigen Lärmes.»
(Verkehrsvorschriften 1882)

Ausweich- und Haltestelle des Rößlitrams ▷
im Jahre 1900 beim jetzigen Tessinerplatz.
Die Strecke führte vom Tiefenbrunnen über
Limmatquai–Bahnhof–Paradeplatz zur Sternengasse.

Am 12. November 1929
war ein Tramzug auf der Fahrt von Fluntern nach der
Platte auf feuchtem Laub ins Gleiten geraten.
Schließlich zerschellte der Motorwagen
in der sogenannten Gloriakurve.
Der Unfall forderte 21 Verletzte und führte zur
Einführung von Druckluftbremsen.

Zusammenstoß zwischen einem Tramzug «Elefant»
und einem Lastwagen
an der Kreuzung Bahnhof-/Uraniastraße.

Seite 2. Tagblatt der Stadt Zürich Nr. 76.

Städtische Strassenbahn Zürich.

Sommerfahrplan vom 1. April bis 31. Mai 1897.

Tiefenbrunnen — Bellevueplatz — Hauptbahnhof — Stockgasse.

Tiefenbrunnen-Bahnh. ab	5.46	—	5.58	—	6.10	—	6.22	—	6.34	—	6.46		7.34	—	7.46	—	7.58	—	8.10	8.22	8.34	8.46	8.58	9.10	—
Dépôt Seefeld	5.51	5.57	6.03	6.09	6.15	6.21	6.27	6.33	6.39	6.45	6.51		7.39	7.45	7.51	7.57	8.03	8.09	8.15	8.27	8.39	8.51	9.03	9.15	10.19
Feldeggstrasse	5.55	6.01	6.07	6.13	6.19	6.25	6.31	6.37	6.43	6.49	6.55		7.43	7.49	7.55	8.01	8.07	8.13	8.19	8.31	8.43	8.55	9.07	9.19	10.23
Bellevueplatz	6.01	6.07	6.13	6.19	6.25	6.31	6.37	6.43	6.49	6.55	7.01		7.49	7.55	8.01	8.07	8.13	8.19	8.25	8.37	8.49	9.01	9.13	9.25	10.29
Helmhaus an	6.04	6.10	6.16	6.22	6.28	6.34	6.40	6.46	6.52	6.58	7.04		7.52	7.58	8.04	8.10	8.16	8.22	8.28	8.40	8.52	9.04	9.16	9.28	10.32
Hauptbahnh.	6.12	6.18	6.24	6.30	6.36	6.42	6.48	6.54	7.—	7.06	7.12		8.—	8.06	8.12	8.18	8.24	8.30	8.36	8.48	9.—	9.12	9.24	9.36	10.40
Paradeplatz	6.19	6.25	6.31	6.37	6.43	6.49	6.55	7.01	7.07	7.13	7.19		8.07	8.13	8.19	8.25	8.31	8.37	8.43	8.55	9.07	9.19	9.31	9.43	—
Gotthardstrasse ab	6.25	6.31	6.37	6.43	6.49	6.55	7.01	7.07	7.13	7.19	7.25		8.13	8.19	8.25	8.31	8.37	8.43	8.49	9.01	9.13	9.25	9.37	9.49	—
Stockgasse an	6.31	6.37	6.43	6.49	6.55	7.01	7.07	7.13	7.19	7.25	7.31		8.19	8.25	8.31	8.37	8.43	8.49	8.55	9.07	9.19	9.31	9.43	9.55	—

Stockgasse — Hauptbahnhof — Bellevueplatz — Tiefenbrunnen.

Stockgasse ab	6.32	6.38	6.44	6.50	6.56	7.02	7.08	7.14	7.20	7.26	7.32		8.20	8.26	8.32	8.38	8.44	8.50	8.56	9.08	9.20	9.32	9.44	9.56	—
Gotthardstrasse	6.38	6.44	6.50	6.56	7.02	7.08	7.14	7.20	7.26	7.32	7.38		8.26	8.32	8.38	8.44	8.50	8.56	9.02	9.14	9.26	9.38	9.50	10.02	—
Paradeplatz	6.43	6.49	6.55	7.01	7.07	7.13	7.19	7.25	7.31	7.37	7.43		8.31	8.37	8.43	8.49	8.55	9.01	9.07	9.19	9.31	9.43	9.55	10.07	—
Hauptbahnh.	6.50	6.56	7.02	7.08	7.14	7.20	7.26	7.32	7.38	7.44	7.50		8.38	8.44	8.50	8.56	9.02	9.08	9.14	9.26	9.38	9.50	10.02	10.14	10.50
Helmhaus	6.58	7.04	7.10	7.16	7.22	7.28	7.34	7.40	7.46	7.52	7.58		8.46	8.52	8.58	9.04	9.10	9.16	9.22	9.34	9.46	9.58	10.10	10.22	10.58
Bellevueplatz ab	7.01	7.07	7.13	7.19	7.25	7.31	7.37	7.43	7.49	7.55	8.01		8.49	8.55	9.01	9.07	9.13	9.19	9.25	9.37	9.49	10.01	10.13	10.25	11.01
Feldeggstrasse	7.09	7.15	7.21	7.27	7.33	7.39	7.45	7.51	7.57	8.03	8.09		8.57	9.03	9.09	9.15	9.21	9.27	9.33	9.45	9.57	10.09	10.21	10.33	11.09
Dépôt Seefeld an	7.13	7.19	7.25	7.31	7.37	7.43	7.49	7.55	8.01	8.07	8.13		9.01	9.07	9.13	9.19	9.25	9.31	9.37	9.49	10.01	10.13	10.25	10.37	11.13
Tiefenbrunnen-Bahnh.	7.18	—	7.30	—	7.42	—	7.54	—	8.06	—	8.18		9.06	—	—	—	—	—	—	—	—	—	—	—	—

Friedhof-Sihlfeld — Paradeplatz — Helmhaus.

Friedhof Sihlfeld ab	6.04	6.10	6.16	6.22	6.28	6.34	6.40	6.46	6.52	6.58	7.04		8.16	—	8.28	—	8.40	—	8.52	—	9.04	—	—	—	—
Ankerstrasse	6.10	6.16	6.22	6.28	6.34	6.40	6.46	6.52	6.58	7.04	7.10		8.22	8.28	8.34	8.40	8.46	8.52	8.58	9.04	9.10	9.16	9.22	9.28	9.34	9.40
Paradeplatz an	6.19	6.25	6.31	6.37	6.43	6.49	6.55	7.01	7.07	7.13	7.19		8.31	8.37	8.43	8.49	8.55	9.01	9.07	9.13	9.19	9.25	9.31	9.37	9.43	9.49
Helmhaus	6.22	6.28	6.34	6.40	6.46	6.52	6.58	7.04	7.10	7.16	7.22		8.34	8.40	8.46	8.52	8.58	9.04	9.10	9.16	9.22	9.28	9.34	9.40	9.46	9.52

*) 1 Min. Aufenthalt

Helmhaus — Paradeplatz — Friedhof-Sihlfeld.

Helmhaus ab	6.23	6.29	6.35	6.41	6.47	6.53	6.59	7.05	7.11	7.17	7.23		8.35	8.41	8.47	8.53	8.59	9.05	9.11	9.17	9.23	9.29	9.35	9.41	9.47	9.53
Paradeplatz an	6.25	6.31	6.37	6.43	6.49	6.55	7.01	7.07	7.13	7.19	7.25		8.37	8.43	8.49	8.55	9.01	9.07	9.13	9.19	9.25	9.31	9.37	9.43	9.49	9.55
Ankerstrasse ab	6.34	6.40	6.46	6.52	6.58	7.04	7.10	7.16	7.22	7.28	7.34		8.46	8.52	8.58	9.04	9.10	9.16	9.22	9.28	9.34	9.40	9.46	9.52	9.58	10.04
Friedhof Sihlfeld an	6.40	6.46	6.52	6.58	7.04	7.10	7.16	7.22	7.28	7.34	7.40		8.52	—	9.04	—	—	—	—	—	—	—	—	—	—	—

*) 1 Min. Aufenthalt

Burgwies — Bellevueplatz — Römerhof — Kreuzplatz.

Burgwies ab	5.46	5.52	5.58	6.04	6.10	6.16	6.22	6.28	6.34	6.40	6.46	6.52		8.04	8.10	8.16	8.22	8.28	8.34	8.46	8.58	9.10	9.22	9.34	9.46	—
Kreuzplatz	5.55	6.01	6.07	6.13	6.19	6.25	6.31	6.37	6.43	6.49	6.55	7.01		8.13	8.19	8.25	8.31	8.37	8.43	8.55	9.07	9.19	9.31	9.43	9.55	—
Bellevueplatz	6.01	6.07	6.13	6.19	6.25	6.31	6.37	6.43	6.49	6.55	7.01	7.07		8.19	8.25	8.31	8.37	8.43	8.49	9.01	9.13	9.25	9.37	9.49	10.01	—
Römerhof	6.09	6.15	6.21	6.27	6.33	6.39	6.45	6.51	6.57	7.03	7.09	7.15		8.27	8.33	8.39	8.45	8.51	8.57	9.09	9.21	9.33	9.45	9.57	10.09	—
Kreuzplatz	6.13	6.19	6.25	6.31	6.37	6.43	6.49	6.55	7.01	7.07	7.13	7.19		8.31	8.37	8.43	8.49	8.55	9.01	9.13	9.25	9.37	9.49	10.01	10.13	—

Kreuzplatz — Römerhof — Bellevueplatz — Burgwies.

Kreuzplatz ab	6.13	6.19	6.25	6.31	6.37	6.43	6.49	6.55	7.01	7.07	7.13	7.19		8.31	8.37	8.43	8.49	8.55	9.01	9.13	9.25	9.37	9.49	10.01	10.13	—
Römerhof	6.17	6.23	6.29	6.35	6.41	6.47	6.53	6.59	7.05	7.11	7.17	7.23		8.35	8.41	8.47	8.53	8.59	9.05	9.17	9.29	9.41	9.53	10.05	10.17	—
Bellevueplatz	6.25	6.31	6.37	6.43	6.49	6.55	7.01	7.07	7.13	7.19	7.25	7.31		8.43	8.49	8.55	9.01	9.07	9.13	9.25	9.37	9.49	10.01	10.13	10.25	—
Kreuzplatz	6.31	6.37	6.43	6.49	6.55	7.01	7.07	7.13	7.19	7.25	7.31	7.37		8.49	8.55	9.01	9.07	9.13	9.19	9.31	9.43	9.55	10.07	10.19	10.31	—
Burgwies an	6.40	6.46	6.52	6.58	7.04	7.10	7.16	7.22	7.28	7.34	7.40	7.46		8.58	9.04	9.10	9.16	9.22	9.28	9.40	9.52	10.04	10.16	10.28	10.40	—

Von ca. 8½ Uhr morgens bis 8 Uhr abends werden auf der Strecke Hauptbahnhof — Seefeld nach Bedürfniss Wagen eingeschoben.

Als Extrafahrt wird ausgeführt: —47280—
Der letzte Kurs abends 10.19 ab **Dépôt Seefeld** nach Hauptbahnhof und vice-versa,
und wird für dieselbe in jeder Richtung die Taxe von 20 Cts. bezogen.

Städtische Strassenbahn-Verwaltung.

Das Kirchlein Fluntern
sollte schon 1920 dem Verkehr geopfert werden.
Auf dem Bild schickt sich ein Fünfer eben an,
wieder in die Stadt hinunterzufahren, die er erst
nach Bewältigung einer Spitzkehre erreicht.

Die «Elektrische Straßenbahn Zürich»
ist 1896 zur «Städtischen Straßenbahn Zürich» geworden.
Der letzte Abendkurs kostet Zuschlag.

Die Seilbahn zur Germaniastraße
ist jetzt Bestandteil der Städtischen
Verkehrsbetriebe.
Sie wurde zu Beginn des Jahrhunderts
entlang dem Geißbergweg erstellt,
um die Überbauung des «zwischen der
Universitätstraße und der luftigen
Waldhöhe» gelegenen Geländes
zu erleichtern.

Die Hottinger
empfahlen ihre Straßenbahn
als Zubringerin zur Dolder-Bahn.
Aufnahme um 1896.

Neben der Talstation der Dolder-Bahn lag die
ländliche Wirtschaft Römerhof.

Ein feuerroter Tramwagen
verband 1899 bis 1930 im Dolder das
Waldhaus mit dem Grand Hotel.
Unser Bild von 1911 zeigt das Dolder-Tram im
Ursprungszustand mit offenen Plattformen
und Sonnenschirmen.

Nachdem Hottingen 1893 zur Stadt gekommen war,
erhielt der Römerhof eine Tramverbindung.
1895 wurde die Dolder-Bahn eröffnet.

**Das Eidgenössische Schützenfest 1907
rief nach besseren Verbindungen
zum Albisgütli.
Ein hölzerner Steg zwischen
Bleicherweg und Seestraße ersparte
den Festbesuchern das Warten
am Bahnübergang.**

Wer mit dem Tram gegen Wollishofen
oder zur Utobrücke fahren wollte,
mußte in der Enge die Bahngeleise zu Fuß
überqueren.
Oft war die Barriere während längerer
Zeit geschlossen.

Das Tram gelangte in Schwamendingen
bis zum Hirschenplatz, der 1908 noch ländlich wirkte.

Das Wollishofer Tram
fuhr offiziell bis zur Mutschellenstraße.
Immer mehr bürgerte sich aber die Bezeichnung
«Morgental» ein.
So hieß die im Bild rechts sichtbare Wirtschaft.

Rösslitramwagen wurden später als
Anhänger benutzt.

Die Limmattal-Straßenbahn in Altstetten.
Das «Lisebethli» verfügte über einen Postwagen,
verschiedene Güter- und Bierwagen.

Für das von Schlieren
nach Engstringen–Weiningen fahrende Tram hatte ein
eigener Limmatübergang gebaut werden müssen.

Das alte Höngger Tram bediente ein nur locker überbautes Dorf.
Auf dem Bild fährt es zwischen Meierhofplatz und Schwert.

Bis zur Tieferlegung der linksufrigen Eisenbahn im Jahre 1928 ▷
folgten ihre Geleise ungefähr der heutigen Seebahnstraße.

Wer an der Marienstraße das Tram verlassen hatte
und jenseits der Bahnlinie weitergehen oder -fahren wollte,
mußte sich häufig gedulden.
1913 waren diese Barrieren täglich während 91 Minuten
geschlossen.

Bei der Bahn ins Sihltal
erwies sich der Landerwerb als unerwartet kostspielig.
Bereits im Eröffnungsjahr 1892 ist die «Brumbeermarie» aber von
ihren Benützern sehr geschätzt worden.

Diese Lokomotive war 1875 in München bestellt worden.
Als letzte Dampflokomotive der Uetlibergbahn wurde sie 1929
ausrangiert.

101

Nach der Kriegsmobilmachung
im August 1914 waren alle Schulhäuser
mit Truppen belegt. Ein Lehrer
aus dem Kreis 5 benützte einen auf dem
Bahnhof Selnau abgestellten Wagen
der Uetlibergbahn als Unterrichtslokal.

Der Uetliberg als sportlich-romantisches
Reiseziel. Plakat 1895.

Die Station Uetliberg mit
der Lokomotive «Manegg» im Sommer 1897.

Die 1875 eröffnete Uetlibergbahn
war die erste Bergbahn, die so bedeutende
Steigungen ohne Zahnrad überwand.
Aus Sicherheitsgründen wurde die Lokomotive
talwärts plaziert.

Der aus dem Jahre 1875 stammende Bahnhof Enge
besaß anfänglich nur vom Bleicherweg her eine Zufahrt.
Später hatte hier das «Nünitram» seine Endstation
und die Engemer Prominenz im Buffet ihren Stammtisch.

◁ Aushub für das Trasse der Bundesbahnen
beim heutigen Bahnhof Wiedikon.
Im Hintergrund quer durch das Bild die
Birmensdorferstraße.
Aufnahme 1918.

Um die Jahrhundertwende

Zunehmender Fuhrwerkverkehr – Erste Fahrräder – Pferdedroschken

Im letzten Jahre des vergangenen Säkulums hatte in Zürich die Polizei mit 128 Verkehrsunfällen zu tun. Davon waren 51 durch private Fuhrwerke verursacht, 34 standen mit dem Trambetrieb in Zusammenhang, 19 wurden dem Fahrrad angekreidet, 17 waren von durchgehenden oder stürzenden Pferden verursacht, und in 7 Fällen lag die Schuld bei Droschken. In den unmittelbar vorangehenden oder anschließenden Jahren bestanden ähnliche Verhältnisse. Die angeführten Zahlen sind also nicht durch Zufall bedingt. Wie aus ihnen hervorgeht, bewegten sich in der Stadt ganz verschiedene Verkehrsteilnehmer mit- und nebeneinander. Die Verwaltung hatte alle Hände voll zu tun, um die Straßen für den nach ihrem damaligen Empfinden fast übermächtigen Verkehr offenzuhalten.

Stark zugenommen hatte insbesondere die Zahl der Fuhrwerke. Durch das Dampfschiff und die Eisenbahn war der Pferdezug lediglich von der Landstraße verdrängt worden. In der Stadt wurde das Bild des Straßenverkehrs noch weitgehend durch private Fuhrwerke geprägt. Diese waren noch unentbehrlich. Sie dienten vorwiegend dem Güterverkehr. Die große Bauperiode Zürichs im letzten Drittel des 19. Jahrhunderts verursachte Transporte mit schweren Fahrzeugen. Bis weit in unser Jahrhundert hinein hatte die Stadtmühle ihre Fuhrwerke nicht mit Pferden, sondern mit Ochsen bespannt. Wegen der harten Straßen wurden sie wie Pferde beschlagen. Zu diesem Zweck mußten sie allemal in der Schmiede hochgezogen werden.

Neben den Lastfuhrwerken beherrschten leichtere Gefährte, Milch- und andere Lieferungswagen die Straße. Private Kutschen waren seltener geworden. Vornehmere Privatkutschen wurden namentlich aus Frankreich eingeführt. Noch im Zeitraum 1880 bis 1882 erfaßte die schweizerische Zollstatistik jährlich sechzig bis achtzig importierte fertige Wagen und achtzig bis hundert Wagenkasten. Für den Bau einer Chaise hatten Wagner, Schmied, Sattler und Maler zusammenzuarbeiten; er stellte also einige Anforderungen. An den Landesausstellungen von 1883 und 1896 fielen die von der Firma Geißberger in Schlieren gebauten Luxuswagen angenehm auf. Sie durften sich neben den schönsten Pariser Modellen sehen lassen.

Zur Verbesserung der Verkehrsverhältnisse hatte die Polizei «das gefährliche Peitschenknallen» eingeschränkt, dann ganz untersagt. Den Fuhrleuten und Reitern wurde Schrittempo vorgeschrieben, wenn starker Personen- oder Marktverkehr den Durchpaß erschwerte. Einbahnstraßen und Fahrverbote kamen auf, was von vielen als widernatürlich und anmaßend bezeichnet wurde.

Durch die elektrische Straßenbahn verschlimmerte sich die Lage. Viele Pferdelenker wollten sich nur schwer dazu verstehen, ihr Verhalten den Anforderungen des schnelleren Vehikels anzupassen. Für die lästigen Störungen des Tramverkehrs wurde als Grund angegeben, das häufig wechselnde Dienstpersonal der Fuhrhaltereien werde oft durch jüngere, frisch vom Land zugereiste Leute ergänzt, welchen der städtische Verkehr mit seinen Besonderheiten und Vorschriften zu wenig bekannt sei. Erst unmittelbar vor dem Ersten Weltkrieg konnte die Stadtverwaltung befriedigt feststellen, dem Bestreben nach einer reibungslosen Verkehrsabwicklung werde jetzt von den Fuhrleuten ebenfalls größeres Interesse entgegengebracht. In jenem Zeitpunkt waren den Pferdelenkern allerdings bereits ernst zu nehmende Nebenbuhler erwachsen: sieben Achtel aller erfaßten Verkehrsunfälle wurden durch Tram, Motorfahrzeug oder Velo verschuldet.

Die bestechende Idee des Fahrrades, der schnellen Fortbewegung durch eigene Kraft, hatte schon früh zahlreiche Pröbler auf den Plan gerufen. Doch erst nachdem die Pedale verwirklicht und der Antrieb auf das Hinterrad verlegt, nachdem der Holzrahmen durch Metall und die Eisenreifen durch «Pneumatics» ersetzt worden waren, bestanden die Voraussetzungen für einen ungeahnten Aufschwung des Fahrrades. Über die Beschaffenheit dieses Fahrzeuges und über medizinische Aspekte des Radfahrens wurde viel geschrieben, und über die Ästhetik «strampelnder Damen» wurde oft gelacht. Es gab eigentliche Velofahrschulen, gelegentlich mit Privatunterricht für das schwache Geschlecht. Von 1884 an sind in der Schweiz auch mehr oder weniger regelmäßig Rennen ausgetragen worden. Dabei bediente man sich noch während zehn Jahren teilweise des Hochrades, des sogenannten Bicycles, das meist aus England stammte. Von 1891 an gab es Radfahrer in der Armee; sie haben 1900 erstmals in Korpsmanövern mitgewirkt.

Ein Bicycle-Club bestand in Zürich seit den achtziger Jahren. Weitere Vereine ähnlicher Art folgten. 1889 wurden in Zürich Velos hergestellt, in den Mitgliederlisten der Clubs erschien 1892 auch eine Frau, und selbst der Pfarrer von Wiedikon bediente sich des Hochrades. Die Beliebtheit des Velos mag in Zürich durch die 1886 stattfindende Tagung des Schweizerischen Velozipedisten-Bundes gefördert worden sein, als sich 80 Zweiräder durch die Stadt bewegten. Dazu kam die Tagung des Radfahrerbundes von 1891, an der 600 Ritter vom Stahlroß staubaufwirbelnd durch die Straßen zogen. Im folgenden Jahr wurde das Velodrom in der Hardau eröffnet.

Velos sind in Zürich übrigens schon früh in Erscheinung getreten. Ein Mechaniker aus Töß hatte 1869 auf einer seiner Fahrten auch Zürich berührt. Vermutlich müssen die Fahrräder unangenehm aufgefallen sein. Denn von der Stadt Zürich war bereits 1882 vorgeschrieben worden, daß die Velocipedes bei Gebrauch mit Geschell und nachts überdies mit Laternen versehen sein müßten und daß solche Vehikel von der Benützung des Trottoirs sowie der öffentlichen Promenaden ausgeschlossen wären. Das Velo, das ursprünglich nur zum Vergnügen geschaffen schien und dann für sportliche Zwecke nutzbar gemacht wurde, hatte eine erstaunlich rasche Verbreitung erfahren, die es bald zu einem allgemeinen Beförderungsmittel, zur Volksgewohnheit stempelte. Im Jahre 1897 erklärte gar der hohe Bundesrat das Rad offiziell als nützlich und verzichtete deshalb auf eine Taxe.

Von 1883 an verlangte die Stadt von den Radfahrern eine Fahrbewilligung und eine Velonummer. Andere Kantone und Städte folgten diesem Beispiel. 1893 hat Zürich 872 Velonummern ausgegeben; bis 1901 erhöhte sich deren Zahl auf 13 120. Das Bedürfnis nach verschärften Fahrvorschriften machte sich geltend. Inzwischen hatte aber der Kanton Zürich das Problem aufgegriffen, was 1902 zu einer ersten regierungsrätlichen Verordnung über den Gebrauch von Fahrrädern und Motorfahrzeugen führte.

Seit den neunziger Jahren wurde vielfach auch versucht, die Fahrräder mit kleinen Motoren auszustatten. In Zürich haben die Fahrbewilligungen für Motorräder aber erst anno 1907 die Zahl von 100 überschritten.

Die in der Verkehrsunfallstatistik vor der Jahrhundertwende ebenfalls erwähnten Droschken rumpelten rund siebzig Jahre durch die Stadt. Ein- oder zweispännig, mit leichten Sommerwagen und mit Schlitten warteten sie an bestimmten Brennpunkten des Verkehrs auf Kunden. Dem ersten Angebot um Einrichtung einer «Droschgen-Anstalt» hat die Behörde 1854 noch nicht Folge gegeben.

Erst im folgenden Jahr ist die Konzession, «Fuhrwerke auf bestimmten Straßen und Plätzen im Stadtinnern aufzustellen und zum Gebrauch des Publikums in Bereitschaft zu halten», zur Bewerbung ausgeschrieben worden. Weil Jakob Furrer, früherer Postführer des Kantons und Begründer der nachmaligen Firma Welti-Furrer, sich als einziger meldete und überdies noch Änderungen des Pflichtenheftes verlangte, wurde zunächst von der Erteilung einer Bewilligung abgesehen. Die Stadtverwaltung wollte die zugelassenen Kutschen auf eine Mehrzahl von Bewerbern aufteilen. 1858 ist es dann dazu gekommen. Bald konnten die städtischen Behörden befriedigt feststellen, das Institut der Droschken habe sich bewährt.

Eine von Zeit zu Zeit den Erfordernissen angepaßte Droschken-Ordnung stellte Vorschriften über den Zustand der Fahrzeuge auf, über die Anforderungen an die Tiere, über die Halteplätze und manch anderes. Den Kutschern, die eine bestimmte Dienstkleidung tragen mußten, war beispielsweise untersagt, Vorübergehenden ihre Dienste anzubieten, ohne Bewilligung der Fahrgäste zu rauchen, sich von den Pferden zu entfernen, während des Fahrens die Zügel aus der Hand zu legen, auf den Standplätzen zu trinken oder gar Trinkgelder zu verlangen. Die grundsätzlich für den Verkehr in der Stadt und ihrer nähern Umgebung vorgesehenen Kutschen sollten sich nicht mehr als zwei Wegstunden von Zürich entfernen. Spätere Droschken-Ordnungen nannten den Oberalbis, Gattikon, die Schiffstation Horgen und Langnau als entfernteste Punkte des Reiseziels.

Festgelegt waren auch die aufgrund der zeitlichen Inanspruchnahme bemessenen Tarife. Sie hielten sich zwischen denen Genfs einerseits und der süddeutschen Residenzstädte anderseits. Weil bei Meinungsverschiedenheiten über die Fahrtaxe nicht selten der Vorwurf erhoben wurde, der Kutscher sei zu langsam gefahren, ist schließlich ein Streckenmesser verbindlich erklärt worden. Er hatte die Form eines Stadtplanes mit farbigen Streckenabschnitten, von denen jeder einer Minute Fahrzeit entsprach. Nur mit Strenge war es möglich, im Droschkenwesen gute Ordnung aufrechtzuerhalten.

Nach und nach gelangten auch in den Außengemeinden einige Droschken zur Aufstellung. Die Zahl der in der Stadt bewilligten Droschken ist bis Mitte der siebziger Jahre auf 90 angewachsen. Mehr als die Hälfte der Konzessionsinhaber besaß bloß ein einziges Fahrzeug. Andere Unternehmer hatten dagegen über hundert Pferde eingesetzt. Als 1895 die Droschken-Ordnung von der Polizei wieder einmal abgeändert wurde, machte der Stadtrat die lakonische Bemerkung, man dürfe keine zu hohen Erwartungen daran knüpfen, denn die gesteigerten Wünsche des Publikums und die einschränkenden polizeilichen Vorschriften fänden stets ihre Schranken an der wirtschaftlichen Leistungsfähigkeit der Droschkenhalter, und diese bestünden überwiegend aus wenig kapitalkräftigen Personen.

Seit Anfang dieses Jahrhunderts waren die Stadtbehörden auf Verminderung der Droschken bedacht, und schließlich bewirkte das Überhandnehmen der «Motordroschken», daß von 1928 an keine Pferdedroschken mehr aufgestellt wurden.

Schon vorher waren die Droschken durch Dampfschiffe, Eisenbahnen und Trams bedrängt worden. Da auch der Zustrom von Reisenden sich bisweilen verringerte, ist es verständlich, daß die Droschkiers unmutig wurden, ja gar zu Streitigkeiten Zuflucht nahmen, wenn in den sechziger und siebziger Jahren zeitweilig Omnibus-Kurse zwischen Bahnhof und Seefeld, zwischen Bahnhof und Bauschänzli, zwischen Bahnhof und Uetlibergbahn sowie vom Belvoir her ins Leben gerufen wurden oder wenn ein Schiffsvermieter gar die eidgenössische Bewilligung für regelmäßige Dampfbootfahrten von der Schiffländi nach der Enge und in den Schanzengraben erhielt. Gegen den technischen Fortschritt war eben kein Kraut gewachsen, und den Unmut vieler Fahrgäste hatten sich die «selbstherrlichen und rüppelhaften Pferdelenker» oft selbst zuzuschreiben.

Einer der ersten Automobilisten und
Sanitätskomitee-Präsident
der Automobil-Ausstellung 1907
war der Zürcher Arzt Hans Oskar Wyss

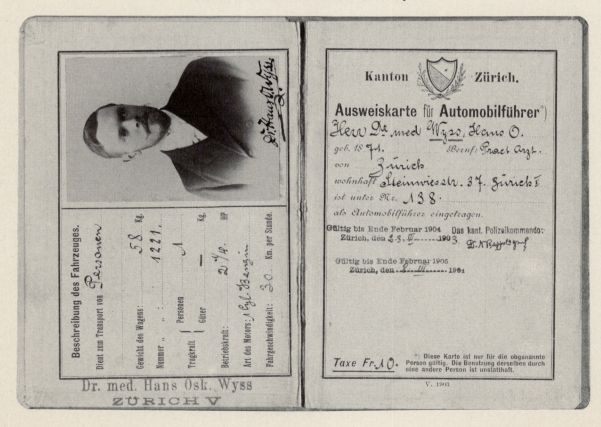

Ins pferdelose Jahrhundert!

Erste Automobile – Automobilfabriken – Autofeinde – Vorschriften für Motorfahrzeuge

Wie einst die Dampfmaschine, brachte der Verbrennungsmotor eine ganz neue technische Grundlage, die eine Umgestaltung des gesamten Landverkehrs nach sich ziehen sollte. Zunächst geisterte der Gedanke an Dampfautomobile durch die Köpfe. Im Zuge der Bemühungen um einen Seefeld-Omnibus hat der Gemeinderat Riesbach schon 1876 einige seiner Mitglieder zur Besichtigung eines von den Gebrüdern Brunner erstellten Dampfomnibusses nach Winterthur entsandt.

Das Motorfahrzeug erfuhr eine rasche Verbreitung. Es war schneller als das Pferdegespann und benötigte kein Geleise. Es benützte einfach die bereits bestehenden Straßen und konnte so überall hingelangen, ohne etwas an die Kosten des Unterbaues beizutragen.

Wann solche Fahrzeuge in der Stadt Zürich erstmals in Erscheinung traten, läßt sich nicht feststellen. Aber 1898 wurden Versuche mit Motordroschken bewilligt, und schon 1901 war erstmals ein Automobil in einen Verkehrsunfall verwickelt. Ferner bedienten sich 1900 das Warenhaus Jelmoli und 1902 der Tages-Anzeiger eines motorisierten Lieferwagens. Als 1902 in größeren Städten die Automobile gezählt wurden, fanden die Statistiker 102 Motorfahrzeuge in Genf, 39 in Basel und 9 in Bern. Zürich wurde nicht erfaßt, wohl weil die Zahl der Autos noch zu unbedeutend war. Der damals gegründete Touring-Club bezweckte ausdrücklich die Förderung des Rad-Tourismus. Für 1905 wurden in der Stadt Zürich dann allerdings schon 116 Fahrbewilligungen für Personenautos und 56 für Lastwagen erteilt.

Wahrscheinlich gab es in Zürich noch kaum ein Dutzend Automobilisten, als 1902 das aufregende Autorennen von Paris nach Wien durch die Stadt führte. Von der Badenerstraße bis zur Rämi- und Universitätstraße standen die Zuschauer, um zu sehen, wie 120 staubige Gestalten mit der unerhörten Geschwindigkeit von 40 bis 45 Stundenkilometern daherbrausten. Eine Tageszeitung berichtete, die Wagen hätten wie wild gewordene Schnitztröge ausgesehen, die Insassen seien in Harzmäntel gehüllt gewesen und hätten scheußliche Masken getragen.

Für Zürich ebenso sensationell war vier Jahre später eine vom Gaswerk ausgehende Ballonverfolgung durch Automobile. Dem Aufstieg des Aerostaten lag die Annahme zugrunde, Zürich sei wie Paris im Jahre 1870 belagert, der Feind habe die Umgebung in weitem Umkreis besetzt, und um die Verbindung mit der schweizerischen Armee herzustellen, habe ein Freiballon den Auftrag erhalten, wichtige Depeschen dem Eidgenössischen Militärdepartement in Bern zu überbringen. Möglicherweise hatte diese Veranstaltung dazu beigetragen, daß bald nachher zwischen dem Automobilclub und dem Militärdepartement ein Vertrag über die Bildung eines freiwilligen Automobilkorps abgeschlossen worden ist. Die Angehörigen dieses Korps besaßen Offiziersrang. Motorfahrzeuge, die der Armee gehörten, waren zu jener Zeit noch kaum vorhanden.

An der Landesausstellung von 1896 in Genf hatte eine einzige Firma bloß drei einheimische Automobile gezeigt. Doch schon 1907 wurden an einer in Zürich durchgeführten Automobil-, Fahrrad- und Motorbootausstellung nicht weniger als 87 Autos angeboten. In der Schweiz waren damals gegen dreißig Automobilfabriken und mehr als zehn Karosseriewerke tätig. Sie wandten ihre Aufmerksamkeit hauptsächlich den Lastwagen zu, da man dem neuen Fahrzeug für Sportzwecke oder für Personenbeförderung keine ruhmreiche Zukunft voraussagte.

Meist kurzlebige Fabriken bestanden zu Beginn des Jahrhunderts auch in Zürich. Unter diesen verdient die von einem Arzt aus der Enge finanzierte «Turicum» erwähnt zu werden, die ihre Tätigkeit in einer Kegelbahn aufnahm, verschiedentlich das Domizil wechselte und zuletzt nach Uster übersiedelte. Sie stellte leichte Wagen her. Schwerere Typen wurden von «Fischer» in der Enge sowie von «Ajax» am Hirschengraben gebaut. Als besonders robust galten die in Frauenfeld hergestellten «Martini». Lastwagen stammten von «Orion» und «Arbenz». Die in Albisrieden tätige Firma Arbenz entließ 1906 einen die Sabotage befürwortenden Arbeiter, was zu schweren sozialen Unruhen führte, die sich ein halbes Jahr hinzogen und in deren Verlauf der Regierungsrat mehrmals Militär zu Hilfe rufen mußte. Außerhalb der damaligen Stadtgrenze gab es Autofabriken auch in Altstetten, Oerlikon und Seebach. Die Firma Tribelhorn, die die ersten Elektromobile fabrizierte, ist 1918 von Feldbach nach Altstetten gezogen. In der Anfangsperiode des Automobils stammten importierte Wagen meist aus Frankreich. Die ersten Amerikaner Wagen von Zürcher Eigentümern waren Oldsmobile.

Ein neues vierplätziges Auto kostete nach heutigem Geldwert ungefähr sechzigtausend Franken, obwohl seine Lebensdauer recht beschränkt gewesen sein muß. Es lag also nicht in der Reichweite jeder Brieftasche. Noch bis in die Zwischenkriegszeit prallten die Meinungen aufeinander, ob das Auto mehr als bloß ein Sport- oder Luxusgefährt sei.

Im Jahre 1912 waren in der Stadt Zürich 513 Personen- und Lastwagen registriert. Soweit sich aus den verfügbaren Unterlagen ein Bild gewinnen läßt, scheinen etwa drei Zehntel der gelösten Nummern mit dem Automobilgewerbe selber in Zusammenhang gestanden zu haben. Ein Fünftel entfiel auf Industrie, Gewerbe und Handel. Die restliche Hälfte der Fahrzeuge befand sich im Besitz von Privatpersonen. Von den privaten Haltern waren 25 Ärzte. Später erfuhr das Motorfahrzeug eine stürmische Entwicklung, die kaum mehr nachließ. Als 1934 an einem Sommertag mitten in der Wirtschaftskrise zwecks Arbeitsbeschaffung der Verkehr auf den Limmatbrücken gezählt wurde, entfiel mehr als die Hälfte der erfaßten Fahrzeuge auf Autos und Motorräder. Das Motorfahrzeug hatte also seinen vorherrschenden Platz im Straßenverkehr erobert.

In den ältesten Vorschriften des Regierungsrates über die Verwendung von Motorfahrzeugen, deren Notwendigkeit die Stadtverwaltung schon 1900 hervorgehoben hatte, wurde eine Höchstgeschwindigkeit von 30 Kilometern außerorts festgelegt. Beim Durchfahren von Ortschaften sowie auf Bergstraßen durfte das Tempo nur dem eines trabenden Pferdes, also zehn Kilometer, entsprechen. Auf Brücken, engen Straßen und dergleichen war die Geschwindigkeit derjenigen eines Pferdes im Schritt, also sechs Kilometer, anzupassen. Vielgestaltige Erlasse der einzelnen Kantone über den Autoverkehr verdichteten sich mit der Zeit zu einem Konkordat. Gestützt darauf galt noch 1920 eine normale Höchstgeschwindigkeit von 40 Kilometern in der Stunde, die am Sonntag auf 25 und innerorts auf 18 Kilometer beschränkt war. Diese vorsichtige Zurückhaltung der Behörden stimmte mit einer lange vorwiegend autofeindlichen Haltung der Bevölkerung überein.

Das weniger wohlhabende Publikum interessierte sich zwar für das neue Fahrzeug, war aber zunächst nur wenig damit vertraut. So meldete 1900 eine Zeitungsnotiz von einem «großen verschlossenen Wagen mit Automobileinrichtung». Bezeichnend ist auch eine vom Obergericht 1904 an den Automobilclub gerichtete Bitte, die Richter einmal Auto fahren zu lassen, damit sie dieses Verkehrsmittel, mit dem sie immer häufiger zu tun bekämen, auch persönlich kennenlernen könnten.

Auf dem Lande war das Wort «Auto» ein Schimpfname für unfolgsame Kühe. 1906 sind im städtischen Parlament die Probefahrten der Automobilfabriken beanstandet worden. Die Abneigung der Bevölkerung kam daher, daß sie sich auf der Straße gefährdet, durch Staub und Lärm belästigt fühlte. Die Pferde scheuten. Man schalt über Automobilraserei und über Geschwindigkeitslümmel. Nicht selten wurden den Autos Steine nachgeworfen. Die Befürworter des neuen Verkehrsmittels machten dagegen geltend, das Auto sei besser als sein Ruf und auch das Pferd habe Nachteile. Trotzdem blieb das Auto lange unbeliebt.

Der erste tödliche Automobilunfall im Kanton Zürich, an dem ungefähr alles beteiligt war, was damals den Verkehr ausmachte, ereignete sich am 17. Juli 1910 in Küsnacht. Schuld daran war weder der Alkohol noch einer der Beteiligten, sondern wohl der Mangel an einigen uns heute selbstverständlichen

Verkehrsvorschriften. Die Zürichsee-Zeitung berichtete darüber:

«Auf der Seestraße zwischen Goldbach und Küsnacht ereignete sich gestern Sonntag vormittag ca. ½11 Uhr ein schwerer Automobilunfall. Hr. Weinhändler P. Wiederkehr aus Zürich unternahm mit seinem Schwager eine Automobilfahrt in einem zweiplätzigen, leichten Auto französischer Marke. In der Nähe von Küsnacht war das Automobil eben im Begriffe, einer im Schritt fahrenden leeren Droschke des Hrn. Fuhrhalter Blum vorzufahren, als von der entgegengesetzten Seite in der gleichen Absicht ein Trupp von vier Radfahrern hinter der Droschke hervor in die leere Straßenseite einbog. Die beiden vordersten Fahrer, die weit genug rechts der Straße fuhren, konnten unbeschädigt vorbeikommen. Ein dritter Fahrer aber, der im letzten Moment hinter der Droschke hervor erschien, fuhr direkt in die Fahrbahn des Automobils hinein und wurde zu Boden geschleudert. Obschon das Automobil sofort zum Stehen gebracht wurde, war der Anprall doch so heftig, daß der Radfahrer einen schweren Schädelbruch in Verbindung mit einer Gehirnerschütterung erlitt und bewußtlos vom Platze getragen werden mußte. Vom Antriebshebel hat er des weiteren eine schwere Unterleibsverletzung erlitten. Der schwer Verletzte ist ein städtischer Polizeigefreiter Gustav Moser. Er hatte mit drei seiner Polizei-Kameraden einen Sonntag-Vormittags-Radausflug nach Meilen gemacht. Der Vierte geriet ebenfalls unter den Wagen, kam aber mit einigen leichten Verletzungen davon. Die vier Velofahrer befanden sich auf dem Heimwege, da sie mittags wieder zu Hause sein wollten.

Die Untersuchung hat bisher bezüglich der Schuldfrage noch keinerlei bestimmte Anhaltspunkte ergeben. Die Fahrregeln wurden beiderseits beobachtet. Man muß das traurige Unglück vorderhand einem unheilvollen Zufall zuschreiben. Die Zeugenaussagen haben immerhin darüber noch keine unbestrittene Gewißheit ergeben, ob der Automobilführer beim Vorfahren sein Warnsignal rechtzeitig und hinreichend in Funktion gesetzt hat. Wenn das Gegenteil nicht bewiesen wird, darf man diese Frage ruhig bejahen, denn Hr. Wiederkehr gilt als ein besonnener und vorsichtiger Automobilfahrer. Aber auch gegen die Velofahrer läßt sich nicht der mindeste Vorwurf konstruieren.»

Der erste tödliche Motorradunfall im Kanton ereignete sich am 25. Mai 1916 in der Stadt Zürich selber. Der neunzehnjährige Motorradlenker Fritz Hürlimann kollidierte auf der Kreuzung Zürichbergstraße/Pestalozzistraße mit einem Auto, wobei er unter die Räder geriet.

Am 1. Juni 1917 veröffentlichte das Kant. Automobilkontrollbureau am Hirschengraben das erste Verzeichnis der abgegebenen Ausweiskarten, dem ein offenbar auch in der Sprache beflissener Beamter folgende «Zehn Gebote für Automobil- und Motorradfahrer» voranstellte:

1. Fährst ruhig und verständig du,
   Läßt dich die Polizei in Ruh,
   Das Publikum wird dich beloben,
   Und gegen dich wird keiner toben.
2. Dein Fahrzeug halte fest in Händen,
   Daß rasch du bremsen kannst und wenden.
3. Am Werktag und auf off'ner Straß'
   Sind 40 Kilometer 's Maß
4. Nur 25 sind's am Sonntag,
   Bist du pressiert, so fahr' am Montag.
5. In Dörfern, Weilern oder Städten
   Kann nichts dich vor der Buße retten,
   Als wenn das Tempo «18 stündlich»
   Du inne hältst als streng verbindlich.
6. An heißen oder Regen-Tagen
   Sollst jederzeit du Rücksicht tragen
   Und dem, der nicht gleich dir kann fahren,
   Staub oder Kot und – Zorn ersparen.
7. Wer nie mit offnem Auspuff fährt,
   Mit den Passanten nett verkehrt,
   Wird manches Ärgernis vermeiden,
   So mag das Volk den Sport wohl leiden.
8. Kommt dir entgegen wo ein Fuhrwerk,
   Brems' prompt als wärest du ein Uhrwerk.
9. Bei Nacht und Nebel fahr' gemächlich,
   Nie sind die Knochen so zerbrechlich.
10. Noch ein Gebot! Vergiß es nicht!
    Fahr immer mit genügend Licht!

Besonders deutlich kam die anfängliche Abneigung des Publikums gegen Autos auch in der Einstellung gegenüber den Motordroschken zum Ausdruck. Eine Taxiunternehmung wurde auf Verlangen der Anwohner durch städtische Verfügung aus ihrer Garage am Hirschengraben hinausgeworfen, und die Suche nach einer neuen Unterkunft scheiterte in Wiedikon schließlich am Widerstand des dortigen Quartiervereins. Die Stadtverwaltung zeigte sich dem Motorverkehr gegenüber jedoch eher aufgeschlossen. Ein Gesuch des Droschkenhaltervereins, die Verwendung von Automobilen im Droschkendienst als unzulässig zu erklären, lehnte sie 1930 ab. Der Stadtrat erachtete das Problem der Motordroschken als prüfenswert, obschon ein früherer Versuchsbetrieb nicht befriedigte: Die Neuerung hätte sich in größeren Städten als durchführbar erwiesen, und Automobildroschken könnten den gesteigerten Anforderungen des Verkehrs unter Umständen besser entsprechen als die im Gebrauch stehenden schweren Droschken mit Pferdezug.

In erster Linie waren es Automobilfabrikanten, die Omnibusbetriebe ins Leben zu rufen suchten. Für das kantonale Schützenfest 1904 erhielt «Orion» die Bewilligung zur Führung eines Omnibusses von der Utobrücke zum Albisgütli. Viele Zürcher saßen damals zum erstenmal in einem Motorwagen. Im Jahr darauf wurde einer Firma die Ausführung regelmäßiger Fahrten mit Gesellschaftswagen und Omnibussen im Stadtgebiet erlaubt. Mehr Erfolg hatte aber erst die 1908 von «Ajax» errichtete Motordroschkengesellschaft, deren vier Wagen – bis zum Konkurs – täglich 109 Kilometer zurücklegten.

Vier Jahre später erließ die Stadt ihre ersten Konzessionsvorschriften für die Ausübung des Motordroschkengewerbes. Die Bestimmungen lehnten sich eng an die früheren Droschken-Ordnungen an: Der Chauffeur hatte das Fahrzeug jedesmal zu verlangsamen oder anzuhalten, wenn es Anlaß zu einem Unfall oder zu einem Verkehrshindernis bieten könnte oder wenn Reit-, Zug- und Lasttiere oder Viehherden Scheu zeigten. Jeder Motordroschkenführer hatte die Konzessionsvorschriften sowie ein Straßenverzeichnis und eine richtig gehende Taschenuhr mit sich zu führen und auf Verlangen dem Fahrgaste sowie den Polizeiorganen vorzuweisen. Als Erkennungszeichen hatte der Chauffeur auf der linken Brustseite gut sichtbar die Droschkennummer zu tragen: in drei Zentimeter hohen Ziffern, schwarz auf weißem Grund. Im übrigen war ihm erlaubt, «eine dem Automobildienst entsprechende Bekleidung und Kopfbedeckung zu tragen».

Zur nämlichen Zeit, da in Zürich diese erste Taxi-Ordnung aufgestellt wurde, überquerte Oscar Bider mit einem Flugzeug die Alpen. Auch die größten Optimisten ahnten damals noch nichts von der beispiellosen Entwicklung, die später der Luftfahrt beschieden sein sollte.

Rennbahn Hardau. 1892

Das Niederdorf,
einst eine der Zürcher Hauptverkehrsadern,
wurde durch den Bau des Limmatquais
umfahren und konnte deshalb viel von seiner
ursprünglichen Eigenart bewahren.

Was seit Jahrhunderten zum vertrauten
Straßenbild einer Stadt gehörte,
hat sich auch in Zürich bis nach dem
Ersten Weltkrieg bewahrt:
gemütliche Fuhrwerke mit Pferd
und Begleithund.

**In den Außenquartieren
wurden Kleintransporte noch lange durch Hundegespanne besorgt.
Als Hottingen 1877 die Verwendung
von Zughunden in der heißen Jahreszeit untersagte,
hob der Regierungsrat das Verbot auf.**

Transport eines 25 Tonnen schweren Dampfkessels im Jahre 1908. ▷
**Bei der größten Steigung wurden die 24 Zugpferde
durch 100 kräftige Männer unterstützt.
Nach vier Stunden gemeinsamer Arbeit war das steile Wegstück
bewältigt.**

Noch ohne Bedenken konnte 1913 ein Fuhrwerk
in gemächlichem Schrittempo die Kreuzung
Brandschenke-/Stockerstraße überqueren.

Nachmittagsverkehr am Bellevue um 1890.
Das Rößlitram nach dem Seefeld hat eben den
Bellevueplatz verlassen.
An der Stelle des kleinen Hauses mit dem eisernen
Balkongeländer steht heute das Warenhaus «Epa».

Die Kehrichtabfuhr
war in der schnell wachsenden Stadt immer
ein technisches und hygienisches Problem.
Aufnahme um 1925 an der Josefstraße.

Eine «standesgemäße» Hochzeit in Wiedikon
um 1930.

Bereit zur fröhlichen Sonntagsausfahrt
mit dem Federwagen.
Aufnahme 1916 in Unterengstringen.

◁◁ Frachtumschlag
an der Westfront des 1897 in Betrieb
genommenen Güterbahnhofs.

Einer der Sportpioniere und seine Frau
benützen dieses «Tandem».

Modische Velofahrer im Bicycle-Kostüm
um 1900 im Zürichhorn.

**Bis zur Eröffnung der Rennbahn Hardau
im August 1892 waren Velorennen in der Enge
besonders populär.**

**Am 25. August 1912
war Premiere auf der Rennbahn Oerlikon.
10 000 Sportfreunde jubelten,
als der befrackte Direktor das erste
Startzeichen gab.**

Carl Julius Schmidt, einer der
ersten Automobilisten,
überwacht im Jahre 1899 an seinem
Serpollet-Dampfwagen das Nachfüllen
von Wasser.

Der Knopffabrikant Meier in Horgen
konstruierte 1884 diesen ältesten
bekannten Dampfwagen.
Er mußte alle 20 Minuten
neues Holz auflegen.

133

Das legendäre Autorennen Paris–Wien führte
am 27. Juni 1902 durch Zürich.
Sieger wurde Marcel Renault.
«Eine Beleidigung des Auges durch die Pervertierung
der Natur», schrieb die Presse.
Aufnahme an der Rämistraße.

Plakat für das 1911 eröffnete Café Odeon.

◁◁ Generalversammlung des Schweizerischen
Automobilclubs 1904 in Zürich, durchgeführt
von der neugegründeten Zürcher Sektion.
Gruppenbild hinter der Tonhalle.

Taxameter-Standplatz an der «Schifflände»
gegenüber der heutigen Fraumünsterpost.
Aufnahme um 1913.

Zentrum Zürichs war während Jahrhunderten
die Rathausbrücke mit der Marktgasse,
der Polizeihauptwache und dem Rathaus.
Aufnahme um 1890.

Arbenz-Lastwagen wurden
kurz nach der Jahrhundertwende in Albisrieden gebaut.
Daß sie kaum große Geschwindigkeiten erreichten,
beweisen die Vollgummibereifung,
die Holzräder des Anhängers und der Bremser auf
dem Bocksitz.

Der Autopionier H. Wunderly-Volkart
auf einer Vergnügungsfahrt im Sommer 1904.

Ein stolzer «Rolls-Royce» 1929.
Als Zeichen von Kraft galt die überlange Kühlerhaube;
der seitlich montierte Ersatzreifen gab die
sportliche Note.

Der Zigarrenhändler Carl Julius Schmidt
besaß als einer der ersten «Autler» einen «Martini».
Das Bild zeigt ihn 1902 in der Nähe seines
Zigarrengeschäftes am Paradeplatz.

Ein Pionier-Dokument: Oberst H. Nabholz (am Steuer),
seine Tochter, ihre Freundin, Hans Wunderly-Volkart
und der Mechaniker beim Pferderennen auf der Allmend.
Aufnahme 1904.

Vielbestaunter Familienausflug an den Bodensee.

Im schneereichen Dezember 1902 erklomm der Sohn eines
Autopioniers, Hauptmann H. Nabholz-von Grabow, mit
dem «Martini», einem Mechaniker, verschiedenen
Seilen und Winden als erster den Uto-Kulm.

Familie Wunderly-Volkart bereit zum Sonntagsausflug
im Jahre 1906.

«Unser erstes Auto, ein ‚Martini' 16 PS,
Oberst Nabholz abgekauft,
Ausfahrt mit Chauffeur Bolliger, 1904»,
schrieb der spätere Finanzkomitee-Präsident
der Zürcher Automobil-Ausstellung zu diesem Bild.

Sommerliche Ausfahrt der Familie Wunderly-Volkart ▷
mit ihrem «Martini».

Der Präsident der ersten
Zürcher Automobil-Ausstellung 1907,
A. Hürlimann-Hirzel, am Steuer seines
«Clément-Bayard».

Auto und Mode 1906.
Der Chauffeur saß in der frischen Zugluft und
die Dame in der ungeheizten Kabine,
die so hoch war,
daß auch der Reiherfeder-Hut oben bleiben konnte.

«Stoßzeit» am Paradeplatz um 1929. ▷▷
Noch sind die Zebrastreifen nicht erfunden und
Fußgängerinseln kaum nötig.

Am verkehrsreichen Paradeplatz.
Aufnahme um 1929.

Klein-Taxi der Firma Welti-Furrer um 1925.

Hauslieferwagen des Seidenhauses Grieder.
Aufnahme 1930.

Büroschluß am Paradeplatz.
Noch überwiegt der Drang zum öffentlichen
Verkehrsmittel.
Aufnahme um 1947.

Beim Haus zur Trülle an der Bahnhofstraße
um 1910. Heute sind an dieser Stelle
komplizierte Verkehrsampeln nötig.

◁◁ Blick in die noch fast menschenleere
Uraniastraße mit der
1911 erbauten Uraniabrücke.
Aufnahme um 1914.

Ende der zwanziger Jahre
entwickelte sich am Beatenplatz ein Automarkt,
an dem wegen der zunehmenden Krise das Angebot
zumeist viel größer war als die Nachfrage.

Kurz nach 12 Uhr bei der Sihlbrücke.
Zwar liegt das Auto weit vorn, aber die Velofahrer
sind in der Überzahl.
Aufnahme um 1947.

Am Zürcher Automarkt wurden die verschiedenen ▷
Typen zwar fachmännisch begutachtet und diskutiert,
aber selten gekauft.
Aufnahme um 1930.

**Während des Zweiten Weltkrieges
wurden die meisten Autos stillgelegt.
Wer aus geschäftlichen Gründen darauf
angewiesen war,
mußte sich zu helfen wissen.
Eine warme Kabine hatte dieser Chauffeur
kaum.**

Neuerungen und Neuigkeiten

Wachsender Tourismus – Regerer Briefaustausch – Elektrisch übermittelte Nachrichten

Der technische Fortschritt hat den Verkehr verbessert und erleichtert. Jedermann gelangt häufiger als früher über das Nachbardorf hinaus. Zürich konnte von dem zunehmenden Bedürfnis nach Ortsveränderung auch wirtschaftlich profitieren. Obschon die Stadt lange Zeit kaum eine besonders hervorragende Stellung innehatte, fand sich stets eine verhältnismäßig beträchtliche Zahl von Auswärtigen in ihren Mauern ein.

Im alten Stadtstaat hatte die Anwesenheit jedes Fremden gewissermaßen ein kleines Ereignis bedeutet. Bereits ganz früh im Dreißigjährigen Krieg wurde angefangen, jeden Abend die von den Gasthöfen beherbergten Fremden zu registrieren. Doch geschah dies nicht aus übertriebener Gastfreundlichkeit, vielmehr stand die Furcht dahinter, die kriegerischen Ereignisse könnten auf irgendeine Weise auch in die Schweiz hereingezogen werden. Von 1837 an veröffentlichte das Tagblatt regelmäßig den Namen und die Herkunft der vornehmeren Reisenden. Später erfolgte diese Bekanntgabe eine Zeitlang in einer besonderen Publikation, der «Zürcher Fremdenliste». Dies mag für unsere Vorfahren «eine erwünschte Kurzweil gewesen sein und einen dankbaren Unterhaltungsstoff gebildet haben».

Seit dem Mittelalter trafen wallfahrende Pilger, die den Wasserweg nach Einsiedeln benützten, in Zürich ein. Sie reisten meist in Gruppen. Andere Gäste aus befreundeten Orten hielten sich aufgrund von politischen Beziehungen in der Stadt auf. Gegen Ende des Ancien Régime haben sich verhältnismäßig viele Leute – sowohl Männer als auch alleinstehende Frauen – aus verschiedenen beruflichen Gründen jeweils für einige Zeit nach Zürich begeben. Nachdem sich im ersten Drittel des folgenden Jahrhunderts die ziemlich durcheinandergeratenen innenpolitischen Verhältnisse wieder konsolidiert hatten, erweiterte sich der Kreis der Fremden. Jetzt waren es auch Gäste, die allein um des Reisens willen da waren. Sie kamen teilweise aus anderen Gegenden unseres Landes, in den Sommermonaten jedoch hauptsächlich von jenseits der Schweizer Grenze. Die Fremdenlisten verzeichneten überwiegend Deutsche und Engländer, meldeten gelegentlich aber auch Gäste aus Rußland, Amerika usw.

Außerhalb der unmittelbar interessierten Berufsgruppen scheint man dem allmählich keimenden Fremdenverkehr vorerst nur wenig Beachtung geschenkt zu haben. Bisweilen schimmerte gar eine zurückhaltende Einstellung gegenüber ausländischen Touristen durch.

So wurde 1873 im «Postheiri», einer die mannigfachen Geschehnisse im Verkehrswesen mit spitzer Feder verfolgenden Veröffentlichung, die Frage nach der Zukunft der Schweiz mit nachstehendem Spottvers beantwortet:

«Ein großes Wirtshaus wirst du sein,
Drinn kehren Engeländer ein,
Als wie im Lenz die Schwalben.
Du machst dich um das schnöde Geld
Zum Stelldichein für alle Welt –
Der ganzen und der halben.»

In Zürich ließ vor allem die Landesausstellung von 1883 ein vermehrtes Verständnis für die ökonomische Bedeutung des Fremdenverkehrs entstehen. Nachdem sich im folgenden Jahr wegen einer Cholera-Epidemie der Besuch von auswärtigen Reisenden spürbar verringert hatte, wurde 1885 versucht, im Ausland eine systematische Werbung zu betreiben. Weil Zürich insbesondere in englischen und amerikanischen Fahrplänen oder Reisebüchern nicht erwähnt war, entschlossen sich die maßgebenden Vertreter des Verkehrsgewerbes zur Herstellung und Verteilung eines mehrfarbigen Plakates, welches eine Ansicht der Stadt und eine Zusammenstellung der internationalen Bahnverbindungen mit dem übrigen Europa enthielt. Der Stadtrat übernahm die Hälfte der Kosten und hat so zum erstenmal die touristische Propaganda für Zürich materiell unterstützt. Nach und nach gehörten Ausländer mit dem roten Baedeker unter dem Arm zum Stadtbild. Bisweilen hieß es, die Hotels hätten alle Hände voll zu tun.

Als Folge der regeren Reisetätigkeit im engeren oder weiteren Umkreis waren sich die Menschen nähergerückt. Das förderte ihre Aufnahmefähigkeit für Dinge, die sich außerhalb des eigenen Gesichtskreises abspielen. Die einstige Beschaulichkeit begann einer zunehmenden Unrast zu weichen, und ein unstillbares Verlangen nach Informationen über das, was andere tun, und über das, was anderswo geschieht, unterhöhlte die früher verbreitete Selbstgenügsamkeit. Zeitungen, welche vorher oft von Posthaltern anhand recht zufälliger Nachrichten zusammengebastelt worden waren, erhielten dank der gesteigerten Nachfrage einen gepflegteren Inhalt, und besondere Redaktoren verarbeiteten das einlaufende Material sorgfältiger für ihre Leser.

Die Hebung der allgemeinen Lebensqualität widerspiegelt sich auch in den Leistungen, die von der Post gefordert wurden. Als Dienerin ihrer Benützer mußte sie einem unaufhaltsam wachsenden Strom von zu befördernden Mitteilungen gerecht werden. Während der zweiten Hälfte des letzten Jahrhunderts stieg in der Schweiz die Menge der Briefsendungen im Ortsverkehr auf das Neunundsechzigfache. In der Stadt Zürich, wo 1835 noch ein einziger Briefträger genügt hatte, wurde 1900 die täglich sechsmalige Postaustragung eingeführt. Die Briefboten konnten das Tram benützen.

Dem weit verbreiteten und zunehmenden Drang, in den Besitz von Informationen zu gelangen, kam die rasante Entwicklung der elektrischen Nachrichtenübertragung entgegen.

Es begann mit dem Telegrafen. Das Beispiel von Nachbarländern befolgend und verschiedenen Anregungen der Berner Regierung sowie der Kaufmannschaft stattgebend, hatte der junge Bund 1851 beschlossen, den elektrischen Telegrafen einzurichten und seinem Monopol zu unterstellen. Ob er überhaupt das Recht dazu hatte, ist eine unbeantwortete Frage geblieben. Im Kanton Zürich verhandelte er mit Zürich, Winterthur, Horgen, Richterswil und Wädenswil. Vertragsgemäß mußte die Stadt Zürich das unentgeltliche Aufstellen der Telegrafenstangen erlauben, für die Dauer von zehn Jahren einen Beitrag von drei Franken pro hundert Einwohner entrichten und ein Telegrafenbüro kostenlos zur Verfügung stellen. Dies geschah in der Weise, daß die Stadt im Postgebäude ein Lokal mietete, wofür sie jährlich dreihundert Franken bezahlte. Die städtischen Polizeidiener und Nachtwächter wurden angewiesen, bestmögliche Aufsicht auf die dem Bund gehörende Drahtleitung zu halten.

Nach dem Bau der Hauptlinien und nach abgeschlossener Ausbildung des Personals, also gegen Ende 1852, konnte auf dem gesamten schweizerischen Telegrafennetz der öffentliche Betrieb aufgenommen werden. Ein beschränkter Verkehr hatte zwischen Zürich und St. Gallen schon seit Mitte Juli bestanden. Die erste Meldung von der Limmat an die Steinach berichtete über die Explosion der Pulvermühle bei Altstetten. Erfreulicher war die erste Nachricht, die einige Wochen später von Bern über Zofingen nach Zürich geschickt wurde: der Nationalrat habe sich für gänzlichen Erlaß des Restes der Sonderbundsschuld ausgesprochen.

Anders als der Telegraf, ermöglichte das ein wenig jüngere Telefon den direkten Austausch von Nachrichten auch zwischen privaten Teilnehmern. Die Eidgenossenschaft machte den Telefonbetrieb ebenfalls von ihrer Bewilligung abhängig und nahm ihn 1880 selbst an die Hand. In jenem Zeitpunkt bestand in Zürich bereits eine private Telefongesellschaft, deren Netz ein paar Jahre später vom Bund übernommen wurde. Ihre sämtlichen Anschlüsse waren über Stützpunkte auf den höchsten Hausdächern zu einer anfänglich bloß tagsüber bedienten Zentrale geführt, welche die verlangten Verbindungen herstellte. Alle Hausbesitzer, deren Dächer beansprucht wurden, forderten für sich einen kostenlosen Anschluß. Das erste Telefonverzeichnis der Schweiz, vom November 1880 in Zürich, führt 99 Abonnenten auf. Die erste Zentrale, für die man am Rennweg 59 eine Mansarde mit ergänzenden Räumlichkeiten gemietet hatte, war schon nach wenigen Monaten zu klein. Sie mußte durch eine zweite, an der Kappelergasse, ergänzt werden. Das Telefon fand in der Stadt rasch begeisterte Anhänger, obwohl die Bevölkerung zuerst auf die Vorteile aufmerksam gemacht werden mußte. Ende 1881 zählte man rund vierhundert Teilnehmer, Ende 1884 mehr als das Doppelte. Die private Unternehmung, die mit ziemlich primitiven technischen Mitteln angefangen hatte, erwies sich als erfolgreich.

Leider wurde das Telefon bei seiner Einführung in Zürich sofort zum Zankapfel. Es ging der Stadtverwaltung wider den Strich, daß der Bund einer Gesellschaft die Betriebsbewilligung erteilte. Sie machte geltend, wegen der bereits zahlreichen Telegrafenleitungen auf Stadtgebiet habe sie ein öffentliches Interesse zu wahren. Indessen ließ sich eine Verständigung relativ rasch erzielen. Die Stadt und die private Gesellschaft sahen sich gezwungen, gemeinsam am gleichen Strick zu ziehen, als die Außengemeinden ein eigenes Telefonnetz konzessionieren lassen wollten, was der Bund nicht gut verwehren konnte. Da zwei im Wettstreit stehende Unternehmen für das Publikum von Nachteil gewesen wären, lenkten die Vororte schließlich ein. Für sie war das Telefon ja am nützlichsten, wenn es die Entfernung zum Stadtzentrum verschwinden ließ.

Die im ganzen Land geltenden Abonnementsbedingungen für das Telefon waren selbstverständlich um eine Nuance anders als die älteren Abmachungen der privaten Zürcher Gesellschaft. Wegen dieser Ursache verlief der Übergang der Zürcher Anschlüsse an den Bund nicht ganz reibungslos. Es wurde sogar in aller Form beschlossen, den mit der privaten Firma ablaufenden Abonnementsvertrag nicht mit der Eidgenossenschaft erneuern zu wollen. Der Landesregierung fiel jedoch eine salomonische Lösung ein, so daß auch hier zuletzt die Vernunft siegte.

Nicht an vorderster Stelle stand Zürich in der Einrichtung der drahtlosen Tonübermittlung. Die ersten schweizerischen Radio-Empfangskonzessionen wurden im Jahre 1911 an die Ecole d'horlogerie in La Chaux-de-Fonds, an einen Professor in Lausanne und an den Zürcher Uhrmacher Arnold Türler erteilt, welche die Zeitzeichen von den Sendern Eiffelturm in Paris und Nauen empfingen; aber die ersten öffentlichen Sendestationen wurden erst nach dem Weltkrieg 1914–1918 errichtet.

Der Erste Weltkrieg unterbrach die Entwicklung, alle Empfänger wurden stillgelegt, weil man ihnen vornehmlich militärischen Charakter beimaß. Das Verdienst, die erste öffentliche Sendeanlage in der Schweiz und gleichzeitig die dritte in Europa erstellt zu haben, kommt der Stadt Lausanne zu, die im Februar 1922 die Bewilligung für die Errichtung einer Sendestation auf dem Champ-de-l'Air erteilte. Sie sollte in erster Linie dem Luftverkehr dienen, aber auch dem «Broadcasting», wie man zu jener Zeit das Radio ebenfalls in der Schweiz nannte. Noch im gleichen Jahr trat das Bundesgesetz über den Telegrafen- und Telefonverkehr in Kraft, welches der Obertelegrafendirektion das ausschließliche Recht einräumte, radiophonische Installationen zu errichten und zu betreiben. Im folgenden Januar erteilte der Bund die ersten Bewilligungen für radiophonische Versuche mit den Flugplatzsendern in Genf, Lausanne und Kloten. Der am 19. Dezember 1922 gegründete Radioclub Zürich unternahm Versuchssendungen mit der Flugplatzstation Kloten und mit einem Spezialsender des Physikalischen Instituts der Universität Zürich. Auf ein Gesuch des Instituts für Radioempfangsvorführungen erhielt es vom verantwortlichen Beamten der PTT folgende Antwort: «Nehmen Sie von mir die amtliche Erklärung an, daß wir das Radio in der Schweiz nicht aufkommen lassen werden. Ihr Institut ist also gänzlich zwecklos.» Natürlich änderte dieser naseweise Ukas kaum etwas an der allgemeinen Begeisterung für das neue Kommunikationsmittel. Am 16. Februar 1924 fand die Gründungsversammlung der Radiogenossenschaft in Zürich statt, mit kantonaler und städtischer Beteiligung. Ein halbes Jahr später wurde auf dem Hönggerberg der Zürcher Sender in Betrieb genommen. Das provisorische Studio war im Amtshaus IV untergebracht. Bundesrat Dr. Robert Haab, der Vorsteher des Eidgenössischen Post- und Eisenbahndepartements, sprach am 23. August 1924 um 12.30 Uhr die Eröffnungsworte: «Die wunderbare Erfindung der drahtlosen Zeichen- und Lautübermittlung hat in kurzer Zeit einen hohen Grad der Vollkommenheit erreicht, und sie hat noch unübersehbare Entwicklungsmöglichkeiten vor sich. Es ist deshalb durchaus begreiflich, daß die Forderung immer mächtiger wurde, es möchten diese neuen

Verkehrsmittel nicht den staatlichen Monopolanstalten reserviert bleiben, sondern Gemeingut werden.»

Ein Journalist berichtete am folgenden Tag darüber: «Radio! Wie ein jauchzender Siegesruf von kühn bezwungenem Berggipfel klingt dieses Wort, durch welches das epochalste elektrische Wunder der Neuzeit, die drahtlose Zeichen- und Lautübermittlung auf schon fast unbegrenzte Distanzen, bezeichnet wird. Wie klein ist doch auf einmal die Erde geworden! Über Berge und Ozeane hinweg tragen die elektrischen Wellen mit Blitzesschnelle Wort und Ton und vereinigen die Zeitgenossen, die sich durch einen kleinen Apparat mit dem göttlichen Fluidum in Fühlung setzen, zu einer großen Zuhörergemeinde. Dieses äußere völkerverbindende Mittel, dessen Verwendungs- und Ausbaumöglichkeiten noch gar nicht abzusehen sind, wird sicher auch die geistigen Bande der Kulturmenschheit enger knüpfen und immer mehr ihr Bewußtsein festigen, daß ihr gemeinsames Interesse im dauernden Völkerfrieden und im Austausch geistiger Güter liegt.

Ein glücklicher Besitzer eines Empfangsapparates der Firma Radio Maxim Aarau, der anerkannt führenden Marke der schweizerischen Radio-Apparateindustrie, hatte die Freundlichkeit, den Schreibenden zur historischen Eröffnungsfeier der Station Höngg einzuladen. Welch eigenartiges Erlebnis! Den Hörer über den Kopf gestülpt, saß man da um halb ein Uhr zu dritt beim schwarzen Kaffee und hörte dann, was im Zürcher Amtshaus gesprochen, gesungen und gespielt wurde, mit einer Deutlichkeit, als ob man sich dort unter den Ehrengästen befände. ‚Hallo, hallo!' rief der Impresario die Zuhörer in aller Welt freundschaftlich an und gab bekannt, daß nun Herr Bundesrat Haab, der Vorsteher des Eidgenössischen Eisenbahn-, Post- und Telegrafendepartementes, die Eröffnungsrede halten werde.

Und Bundesrat Haab erwies sich als ein musterhaftes Radiomedium. Jedes seiner Worte war vollkommen klar vernehmbar, und die helle Stimme behielt die natürliche, leicht ‚züribieternde' Klangfärbung.

Nach Bundesrat Haab richteten Regierungspräsident Maurer und Stadtrat Rütsche ebenfalls einige Worte an die unsichtbaren Zuhörer, denen dann durch ein Orchester und den Humoristen Sedlmayr noch einige Nummern zum besten gegeben wurden.»

Erster Sprecher und zugleich Programmleiter war der Nebelspalter-Redaktor Paul Altheer. In einer guten Stunde hatte der gescheite und immer klar formulierende Mann einmal das Bedürfnis, sich am Schluß der Sendung mit ein paar lieben Worten von seinen Hörern zu verabschieden: «Guet Nacht mitenand. Schlafed alli rächt wohl.» Am nächsten Tag gingen Dutzende und im Laufe der Woche Hunderte von Zuschriften ein, die ihm zu diesen herzlichen Worten gratulierten.

«Radio Höngg» wurde von einer breiten Öffentlichkeit sofort ein sehr reges Interesse entgegengebracht. Die Programmleiter erblickten einen wesentlichen Teil ihrer kulturellen Aufgabe in der Bestärkung der Vaterlandsliebe von Auslandschweizern. Sie hegten auch die Überzeugung, das Zürcher Programm hebe sich vorteilhaft vom überladenen Chaos der anderwärts gebotenen Unterhaltungs-Darbietungen ab.

Nach dem Radio kam die Television. An der Landesausstellung von 1939 ist ein an der Eidgenössischen Technischen Hochschule gebauter Fernsehempfänger vorgeführt worden. Es sollte dann aber noch vierzehn Jahre dauern, ehe auf dem Uetliberg der erste Sender des Landes den Betrieb aufnahm.

Gegenwärtig sind wir immer noch Zeugen einer abenteuerlich anmutenden Entwicklung der elektrischen Übermittlungsmöglichkeiten.

Ab 1901 lieferten die Orion-Werke die ersten
Autobusse mit Unterflurmotoren.
Wenige Jahre darauf wurde der Autokurs
Regensdorf–Milchbuck eröffnet.
Als der Kondukteur auch einmal fahren wollte,
gab es Totalschaden – auch für die
Betriebsgesellschaft.

Die drei «Martini»-Busse vor dem «Löwen» in ▷
Esslingen besorgten bis 1912 den Verkehr mit Zürich.
Nachher wurden sie durch die Forchbahn ersetzt.

Den Busbetrieb ins Furttal besorgte
bis zur Übernahme durch die VBZ im Jahre 1932
ein privater Konzessionär.
Einen ersten Versuch hatte der Affoltemer
«Löwen»-Wirt bereits 1908 unternommen.

In Zürich wurde der erste Automobilfourgon
zwischen der Hauptpost und verschiedenen Filialen
schon 1904 eingesetzt.
Er ersetzte zwei bespannte Fourgons.

1919 wurden von der Post
die ersten Elektrodreiräder angeschafft.
Dienten sie zuerst der Eilzustellung,
wurden sie ab 1920 auch für die
Briefkastenleerung und später für Pakete
und Nachnahmen benützt.

Zürich-Hottingen erhielt 1927 die erste
halbautomatische Telefonzentrale der Schweiz.
Die damals bereits jahrzehntealten
Handzentralen erlaubten lediglich
einen sehr ruhigen Betrieb.

◁ Findige Pöstler
an der steilen Rosengartenstraße.

175

**Der Typendrucker-Saal
im Zürcher Haupttelegrafenamt an der
Kappelergasse.
Aufnahme 1924.**

**Der Telegrafenleitungsturm
über der 1898 eröffneten Zürcher Hauptpost,
der heutigen Fraumünsterpost.**

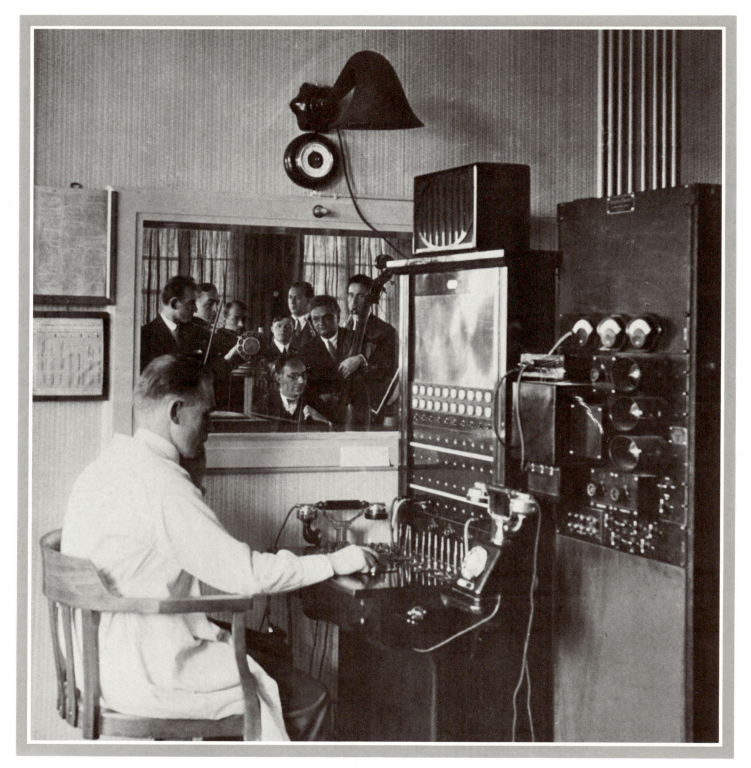

**Der Zürcher Sender
auf dem Hönggerberg mit Versuchsantenne
im Jahre 1924.**

**Im August 1924 wurde im Amtshaus IV
der Zürcher Radiosender in Betrieb
genommen. 1927–1933 siedelte
das Radiostudio ins Geschäftshaus
zur Sihlporte über. Aufnahme um 1930.**

Zürcher Fremdenliste.

List of Visitors — Liste des Étrangers

Mittwoch, 1. Juni — II. Jahrgang — 1887 — No. 26

Verzeichniss der anwesenden Fremden.

Hôtel & Pension Baur au Lac.
Th. Baur.

Capitain & Mrs. W. C. Smith, (2 P.), England.
Mlle. Reitz, U. S. A.
Hr. Dr. H. C. & Mrs. Taylor, England.
Mr. Robert Macdonald & Gam., New-York. (3 Pers).
Mr. & Mrs. E. A. Perkins, New-York (3 Pers.)
Mr. A. Z. Braun, New-York.
„ J. B. Renweck, New-York.
„ Gézan von Salomon, Ungarn.
„ Alex. Frhr. von Yay, Ungarn.
Mr. W. F. Langworthy, England.
„ A. W. Stiff, England.
„ et Mlle. de Bornemann, Copenhagen
Hr. August Hagenbucher, München.
Mr. Blinkhorn u. Familie, England (4 P.)
„ Ford. Crane, London.
„ Christlieb, London.
„ Emil Guyer u. Frau, Russland.
„ Dr. Forscher u. Frau, Pologne.
Sig. Francesco Mannarini, Roma.
„ Etore Basevi, Roma.
Hr. Bauer u. Frau, Reg.-Baumeister, Strassburg.
„ Channing Lilly et Family, (4 P.), Boston.
Miss Edith Balester, Boston.
Mr. H. J. Kleinberger, New-York.
„ R. Gesell, Kaufm., Berlin.
„ K. L. Hertzog, Kaufm., Berlin.
„ Daniel Rack (3 Pers.), Mulhouse
*Hr. D. Scheidegger-Graedel, Berlin.
„ G. S. Watson, England.
„ Mendelsohn, Stud., Heidelberg. (2 Personen)
„ Bertholdy, Stud., Heidelberg. (2 Personen)
„ Dr. E. Albert u. Frau, München.
Miss Gordon, U. S. A.
Hr. S. Ruyssenaers, Holland.
„ Reginald Corbett, England. (2 Personen)

Hôtel & Pension Belle-vue au Lac.

Hr. Krüger, Glarus.
„ Luling & fem. chambre, Reims.
Mlle. de Meugerssen, Reims.
Mr. & Mme. Maurice Guillemot Paris. Sheltou, England.
Mr. Mauning, Prentice, England (2 P.)
„ Rev. W. H. Bak, England.
„ Rev. W. Cole, England.
„ Dr. Pookop m. Gem., Wien.
„ Adel Langenscheidt m. Gem., Elberfeld.
Mr, Dr. W. Waldner, England.
„ A. Sage, Mulhouse.
*Mr. Amédée Sage, Mulhouse.
Mr. et Mme. Rodolphe Closset (3 P.), Verviers.
Hr. Max Frank mit Gemahlin und Frl. Schwester, Brandenburg.
Hr. J. H. Lingeus, Aix-la-Chapelle.
Siga. Jakob Milano, Italia.
Hr. Etbin Dernjac, Wien.
Hr. Bauinspektor Breymann, Göttingen.
Hr. Dr. Melcher, Brasilien.
Graf Hardenberg, Konstanz.
Graf von Reichenbach mit Gemahlin, Konstanz.
Mr. et Mme. Bribosio, Namur.

Hôtel National.
Ferd. Michel.

Mr. Paul Robert und Mlle. Robert, St. Malo.
„ L. Freiwirth & Fam., Leipzig, [5P.].
Hr. Lothar Urban, Kfm., Leipzig.
Mr. & Mme. Rosenberg, New-York.
Miss Rosenberg, New-York.
Hr. Schapringer, Kfm., Wien.
„ Julius v. Misani, Banq., Stuttgart.
Hr. Herm. Hirzel, Kfm., Schw. Gmünd
„ S. Fischer, Kfm., Berlin.
Hr. M. Waber, Dr. med., Saalfeld.
„ Delins, Fabrikant, Bielefeld.
„ Febrenbach u. Frau, Oberamtm., Schopfheim.
„ A. Brüll u. Gem., Fbrk., Oesterreich
Herm. Maves und Frau, Berlin.
Mr. und Mme. Plotzek, Paris.
Mr. et Mme. Doll, Paris.
„ H. Liebert, Chemnitz.
„ Friedr. Böhm, Drebach (Sachsen)
„ W. Levi, Kaufm., Frankfurt a. M.
Hr. Fürth, Kfm., Basel.

Hôtel Victoria.
J. Boller & Söhne.

Hr. Punschel. Dresden.
Mr. Bagshawe u. Family (3 Pers.), London.
Hr. Schulze, Hamburg.
„ Neuburger, München.
„ Graf von Zepplin und Familie, (4 Pers.), Stuttgart.
Mr. Bluu & Family, (8 Pers.), New-York.
Sigr. Luigi Vanutelli, Perugia.
Mons. Bérenger, Paris.
Mr. et Mrs. G. M. Rivers, Boston.
Vicomte de St. Gervais, St. Germain-en-Laye.
Vicomtesse de St. Gervais et sa Fille & Domest., (3 Pers.), St. Germain-en-Laye.
The Misses Griffith, (2 P.), New-York
„ Walcher u. Gemahlin, Hättingen.
„ Schneider, Bern.
„ Brown, New-York.
„ von Goeben, Offizier, Potsdam.
*Mr. Christmann, London.
Mons. Oppenheimer, London.
„ Meunet, Montreux.
Hr. Linnekopel, (3 Pers.), Frauenfeld.
„ Behm, Bern.
Mr. et Mrs. Heller, Chicago, U. S. A.
Hr. Schuhmacher, Bern.
„ Behrends, Frankfurt a. M.
„ v. Drigalsky, Freiburg i. B.
„ Schlesinger und Gemahlin, Pforzheiu.
„ Leumann und Familie, (3 Pers.), St. Gallen.
Gräfin Dillen-Spiering, Stuttgart.
Mme. Lauckerouska et Familie, (5 P.), Galizien.
Mons. Buch, Genève.
„ Haeser, Stud. jur., Berlin.
Frl. Lumpert, St. Gallen.

Hôtel Baur en ville.
H. Brunner's Erben.

Hr. Dr. Audeer, München.
„ Huber, New-York.
„ Suter, Mexico.
„ O Tesche, Kfm., Calcutta.

E. Lugenbühl, stud. med., München.
„ Ch. Oster, Kfm., Paris.
„ Dr. Schundt & Gem., Forstmstr, München.
Mlles. Pfeiffer, München (2 Pers.)
Hr. Abegg, Kfm., New-York (3 Pers.)
„ Saalmann, Kfm., Berlin.
„ Bernasconi, Kfm., Burgdorf.
„ Azarius, Kfm., Lyon.

Zürcherhof au lac.
L. Lang.

Mr. Fandell, Paris.
„ C. E. M. Haughton et fils, England.
Mrs. and Miss Harris, U. S. A.
Mr. Ignaz Frankfurter, Paris.
Mr. et Mrs. Mettels, Rentier, Paris.
Mr. U. B. Wells, Rentier, U. S. A.
Mr. Baron von Wimpffen, Offizier, Oesterreich.
Mr. Ricard, Paris.
„ Weber, Barmen.
„ Wecker, Bremen.
„ J. W. Coulkhurst, London.
„ Sinn, Frankfurt.
„ Melling & Gem., München.
„ H. Putzvatt, Berlin.
„ Cte. & Ctsse. du Temple de Rougemont, France.
„ & Mme. Isler, Zofingen.
„ Finke, Rentier, Berlin.
„ J. P. Andereis & Fam., Dresden.
„ Dubois, Paris.
Mr. Winkley, Fab., Sachsen.
„ Dr. von Hoffmann & Familie (4 Pers.) Wiesbaden.
„ D. Wattke, Berlin.
„ Albert Adam, Etud., Schlestadt.
„ Marcelin Martel, Ing., Schlestadt.
„ C. Caro, Journalist, Paris.
„ et Mrs. Grow (2 Pers.) England.
*„ Mayer, Strassburg.
„ et Mrs. Snoden, Colonel, London.
„ Erkmann, Bruxelles.
„ Wiesenthal, Dr. med., Heidelberg.
„ Hirscheldegels, Dr. jur., „
Mlle. Siegrist, Bern.

Börsenmäßiger Wertpapierhandel
besteht seit 1877.
1930 wurde der Ring, den dieses Bild zeigt,
in die heutige Börse verlegt.
Die Zahl der Transaktionen hat sich
seither verdreifacht.

Seit dem Dreißigjährigen Krieg werden
Zürichs übernachtende Gäste registriert.
Verschiedene Zeitungen veröffentlichen
später sogar Fremdenlisten.
Am 1. Juni 1887 logierte Graf Zeppelin
im «Victoria».

Officielle Postkarte
Flug-Meeting: Zürich-Dübendorf.
Legagneux

Aeroplan im Jahre 1912 auf dem Flugplatz Dübendorf.

Der St. Galler Kunkler bestand 1913
in Dübendorf auf einem Farman-Zweidecker mit
Oerlikoner Motor sein Pilotenexamen.
Fünf große Achterschleifen waren vorgeschrieben.

Der an der Zürcher Flugwoche 1910 ausgesetzte Preis
für einen Langstreckenflug von Dübendorf nach Uster
und zurück wurde vom französischen Aviatiker
Gérard Legagneux mit einer Blériot gewonnen.

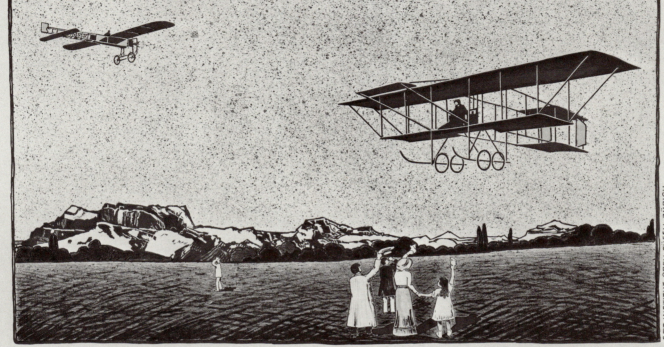

Nach einem 1909 erfolgten Wettfliegen
wurde im folgenden Jahr die Flugplatz-Gesellschaft gegründet,
die zwischen Dübendorf und Wangen ein Aerodrom plante.

Zum Gordon-Bennet-Wettfliegen 1909 in Schlieren
kam aus Berlin ein Parseval-Luftschiff nach Zürich.
Die mit Wasserstoff gefüllte «Zigarre» galt als Vorbote
einer neuen Zeit.

Der Verkehr stockte, und alles winkte begeistert, ▷▷
als am 1. Juli 1908 erstmals ein Zeppelin über Zürich flog.
Am 20. Juni hatte das mit Wasserstoff gefüllte Luftschiff LZ4
seine Jungfernfahrt gemacht, bei seinem dritten Flug
verbrannte es am 5. August in Echterdingen bei Stuttgart.

Fliegen – die dritte Dimension

Die ersten Versuche, es auch in Zürich «den Vögeln gleich zu tun und sich in die Lüfte zu schwingen», liegen schon bald zweihundert Jahre zurück: «Montag den 10ten May 1784 Abends vor halb 7 Uhr ließ der geschikte Herr David Breitinger, Professor der Mathematik und Naturgeschichte, auf allhiesigem Schüzenplaz in Gegenwart einer großen Menge Zuschauer bey schöner stiller Witterung, einen 36 Schuh hohen und 20 im Durchmesser und 36 in der Peripherie haltenden Luftballon aufsteigen; nachdem dieser große Körper von seinen Banden befreyt war, stieg er in die Luft, und erreichte mit majestätischer Schwungkraft eine solche Höhe, daß er am Horizont schwebend einem kleinen Stern glich. Um halb 8 Uhr, ließ er sich ein und eine halbe Stund von der Stadt in einem Wald ohnweit dem Schwerzenbacher Hof nieder.»

Der Gedanke, die Welt einmal von oben sehen zu können, ließ die Zürcher seither nicht mehr los. Immer wieder lesen wir in alten Berichten von dem und jenem, der es Ikarus gleichtun wollte und im stillen Kämmerlein an Stoffflügeln oder gar an einem Flugapparat bastelte. Es waren nicht nur Narren, die den Traum vom Fliegen verwirklichen wollten. Der Maler Böcklin betrachtete es seiner Lebtage als wichtigste Sache, einmal durch die Luft segeln zu können. Aufgrund von Vogelbeobachtungen wollte er eine Flugmaschine bauen. Schon 1853 hatte er in Rom einen Versuchsapparat konstruiert, für den sich auch der Papst interessierte. Vierzig Jahre lang verfolgte er seine Pläne mit verbissenem Eifer. Einmal sprang er mit einem Flugapparat vom Dach seines Hottinger Ateliers und brach sich den Arm. Auch sein Freund Gottfried Keller war dem Fliegen nicht abgeneigt. Als 1845 der deutsche Dichter Justinus Kerner in der Zeitung darüber klagte, daß alle Poesie ein Ende nehmen werde, wenn das Fliegen einmal erfunden und der Himmel mit Flugschiffen bevölkert sei, antwortete ihm der Zürcher in einem längeren Gedicht, das so lebensfroh ausging, wie Keller die Welt eben sah:

«Und wenn vielleicht in hundert Jahren
Ein Luftschiff hoch mit Griechenwein
durchs Morgenrot käm' hergefahren,
wer möchte da nicht Fährmann sein?

Dann bög' ich mich, ein sel'ger Zecher,
wohl über Bord von Kränzen schwer
und gösse langsam meinen Becher
hinab in das verlassene Meer.»

Zürichs Luftpionier war der Ballonflieger Eduard Spelterini, der eigentlich Richard Schweizer hieß und aus Bazenheid stammte. Seine ersten Flugversuche unternahm er um 1880. Um die Jahrhundertwende sah man ihn mit seinem Ballon Sirius immer wieder über der Stadt Zürich, von der er die ersten Luftaufnahmen machte.

Ein großes Ereignis war das Gordon-Bennett-Wettfliegen für Freiballons vom 1. bis 3. Oktober 1909, «eine internationale sportliche Veranstaltung größten Stils. Schwerlich wird uns je wieder ein solcher Anblick zuteil werden, wie ihn der Korb- und Startplatz bei der Gasfabrik Schlieren bot, wo die zwei Dutzend Ballons, in Reihen ausgerichtet, gefüllt wurden und von der unermüdlichen Konstanzer Regimentsmusik mit der Nationalhymne der jeweiligen Insassen begleitet, in die Lüfte stiegen und in neckischem Versteckenspiel zwischen jagendem Gewölk allmählich im nordöstlichen Horizont sich verloren. Noch bedeutsamer wurde die Veranstaltung durch den erstmaligen Aufstieg eines lenkbaren Luftschiffes, des ‚Parseval IV', von Schweizerboden.»

Am 1. Juli 1908 hatte erstmals ein Zeppelin, das mit Wasserstoff gefüllte Luftschiff LZ 4, die Stadt überflogen, am 30. September 1910 ging die «Stadt Luzern» als erstes schweizerisches Luftschiff auf der Wollishofer Allmend nieder, am 20. Juli 1911 überquerte der Zeppelin «Schwaben» die Stadt. Beide deutschen Zeppeline, die Zürich besucht hatten, gingen kurz darauf in Flammen auf, der eine in Echterdingen, der andere in Düsseldorf.

Zum ersten richtigen Schaufliegen einiger Apparate «schwerer als Luft» kam es im Oktober 1910 auf dem Aerodrom von Dübendorf. 25 000 Schaulustige kamen. Held des Tages war der junge Franzose Gérard Legagneux, der auf seiner «Libelle» auf 750 Meter kletterte und zum erstenmal Zürich umkreiste. Er gewann den Preis von Fr. 1000.–, der demjenigen winkte, welcher erstmals auf ununterbrochenem Fluge das Schloß Uster umflog und heil nach Dübendorf zurückkehrte.

Natürlich gab es noch immer «Fachleute», die dem Fliegen keine große Zukunft gaben. Ein Ereignis in Dübendorf schien ihnen recht zu geben. Am vierten Flugtag, am 26. Oktober, nahmen die Piloten, um für ihr fliegendes Steckenpferd etwas Propaganda zu machen, auch einige mutige Zuschauer mit. Unter anderen meldete sich auch ein Herr Ogurkowski. Er war aber so korpulent, daß es dem Piloten nicht gelang, die Maschine vom Flugfeld abzuheben. Sie sackte in einen Wassergraben ab, alles eilte erschrocken herbei, aber Ogurkowski hatte nur einen Schock und nasse Hosen bekommen. Das genügte, um den Pessimisten recht zu geben. «Der Passagierflug, der ins Wasser fiel», machte die Runde. Einer sagte es deutlich: «Fliegen als neues Verkehrsmittel? – Wer sich da nicht an den Kopf greift, hat keinen!»

Bildnachweis mit Seitenangaben

Graphische Sammlung der Zentralbibliothek Zürich: 22, 23, 41, 61, 77, 97, 101, 108, 137, 186. – Baugeschichtliches Archiv der Stadt Zürich: 31, 32/33, 36/37, 38, 39, 40, 60, 70, 76, 78/79, 88, 89, 90, 92, 100, 103, 104, 106/107, 119, 129, 130, 134/135, 138, 177. – Photoglob Zürich: 29. – Archiv W. Baumann: 24/25, 27, 28, 42/43, 44, 63, 65, 66/67, 69, 71, 72/73, 74, 75, 81, 85, 91, 95, 98/99, 117, 123 oben, 154/155, 156, 185. – Kirchgemeinde-Archiv Maur: 21. – Stadtarchiv Zürich: 30. – Orell Füssli Graphische Betriebe AG Zürich: 34, 102, 136, 184. – Verkehrshaus Luzern: 35, 56, 64, 174, 182, 183. – Archiv Jürg Fierz: 55, 105, 172/173. – Archiv SBB: 57. – Plakatsammlung Kunstgewerbemuseum Zürich: 59. – A. Welti-Furrer AG, Zürich: 62, 124/125, 152 oben. – Wolf-Bender, Zürich: 80, 139, 140, 141 unten, 150/151, 152 unten, 153, 181. – Gemeinnützige Gesellschaft Enge: 82/83. – Hans Staub, Zürich: 84, 157, 158, 159, 160/161, 162. – Brown Boweri & Cie., Zürich: 93, 94. – Verein Trammuseum Zürich: 96 oben. – Ortsmuseum Höngg 96 unten. – Pit Wyß, Dielsdorf 112. – H. Wehrli, Zürich: 118. – Brauerei Hürlimann: 120/121. – Landolt-Arbenz & Co. AG, Zürich: 87, 122. – Abfuhrwesen der Stadt Zürich: 123 unten. – Ortsmuseum Unterengstringen: 126. – W. Wunderli, Zürich: 127. – ACS, Sektion Zürich: 133, 148. – Ch. Wunderly, Meilen: 141 oben, 143 oben, 144, 146/147, 149. – E. de Armas, Zürich: 142. – W. Bader, Zürich: 167. – Frei-Autoreisen: 170. – PTT-Museum, Bern: 171, 175, 176. – Radio-Studio Zürich: 178. – PTT-Fernmeldedep.: 179.